L'art, encore et toujours

La collection d'Elisabeth Feller et l'entreprise Feller

04

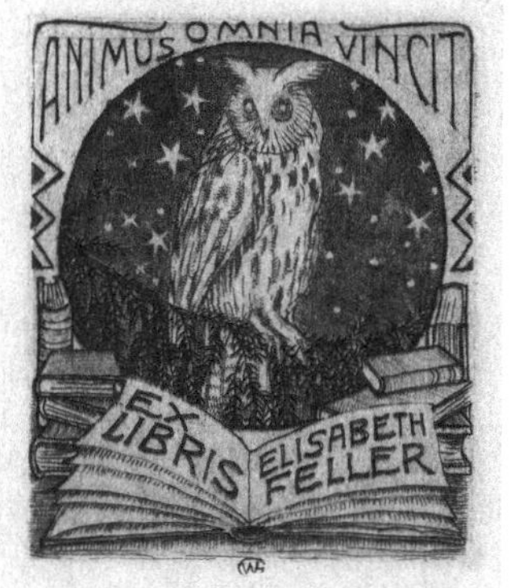

Édité par l'entreprise Feller et la famille Züst-Kellenberger

Scheidegger & Spiess

IN MEMORIAM
ANNA BARBARA ZÜST

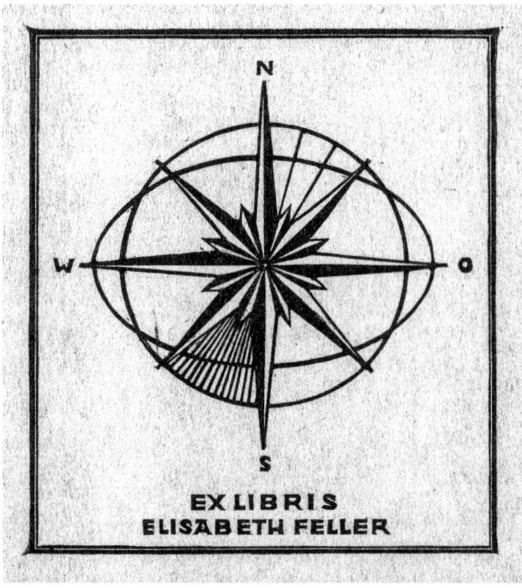

05 Esquisse pour un ex-libris d’Eugen Leuppi, 1941, épreuve manuelle gravée sur bois

AVANT-PROPOS

La prairie située devant l'entreprise Feller, à Horgen, donne non seulement à voir son atelier, avec sa façade vitrée en zigzag caractéristique, mais aussi les traces de différentes époques : le panneau « Feller by Schneider Electric » incarne la dimension internationale actuelle de l'entreprise, tandis que deux sculptures, *Krug* de Hans Fischli et *Obelisk* de Hans Aeschbacher, renvoient à son passé épris d'art. Cette histoire est principalement marquée par Elisabeth Feller (1910–1973), dont le sens artistique permit à l'entreprise Feller de se créer un univers esthétique.

Elisabeth Feller, qui dirigea l'entreprise familiale de 1931 à sa mort, collectionnait les beaux-arts, qu'il s'agisse de peintures ou de sculptures, et soutenait les artistes, financièrement comme sur le plan des idées. Les frontières entre sphère privée et monde des affaires étaient alors perméables. Avec la vente de l'entreprise familiale en 1992, la collection réunissant près de 90 œuvres d'art est transférée à l'entreprise acheteuse. Son étendue ne peut donc être établie avec précision. Quoi qu'il en soit, elle ne fut jamais statique, car, de son vivant, Elisabeth Feller effectue déjà des donations et, après sa mort, les œuvres partent dans des musées ou sont réparties dans la famille. Les deux transcriptions « Carnet d'achats d'œuvres d'art » et « Inventaire » figurant en annexe donnent toutefois une bonne idée de l'ampleur de la collection.

Quel lien peut être établi entre l'art et l'industrie électrique ? Telle est la question posée lors de la création des archives de l'entreprise à la fin des années 2010. Les descendants de la famille Feller envisagent alors de transférer les œuvres d'art encore aux mains de l'entreprise à d'autres collections. Ces derniers réalisent finalement combien l'histoire de l'entreprise permet de mettre en avant ses qualités et son attachement profond à la Suisse – valoriser le passé comme tremplin pour l'avenir. C'est ainsi que naît l'idée de replacer dans un contexte historique la collection de l'entreprise Feller et le soutien qu'Elisabeth Feller apporta aux artistes, et d'éditer cette publication. Pour quelles raisons Elisabeth Feller collectionnait-elle des œuvres d'art? Quelle influence cette collection eut-elle sur l'entreprise? Et quel est son impact aujourd'hui?

La présente publication, réalisée en étroite collaboration avec toutes les personnes concernées et mise en page par le bureau de graphisme Herendi Artemisio, aborde ces questions dans un essai de Magaly Tornay. Celui-ci est complété d'une iconographie basée sur les recherches de Magaly Tornay et de Mara Züst laissant entrevoir la conception artistique et l'engagement d'Elisabeth Feller dans le domaine de l'éducation culturelle et de la promotion de l'art. En parallèle, on y trouve une partie de la collection d'art de l'entreprise Feller, à travers une série de photos de Flavio Karrer. La publication fait ainsi un pont entre la direction, passionnée d'art, de jadis et l'attitude ouverte et tournée vers l'avenir de l'entreprise en matière d'art et de culture dans le contexte actuel – autant d'inspirations et d'impulsions pour les développements futurs de l'entreprise.

Le Comité éditorial:
Feller SA
Mara Züst et Susanna Züst
(famille Kellenberger/Züst)

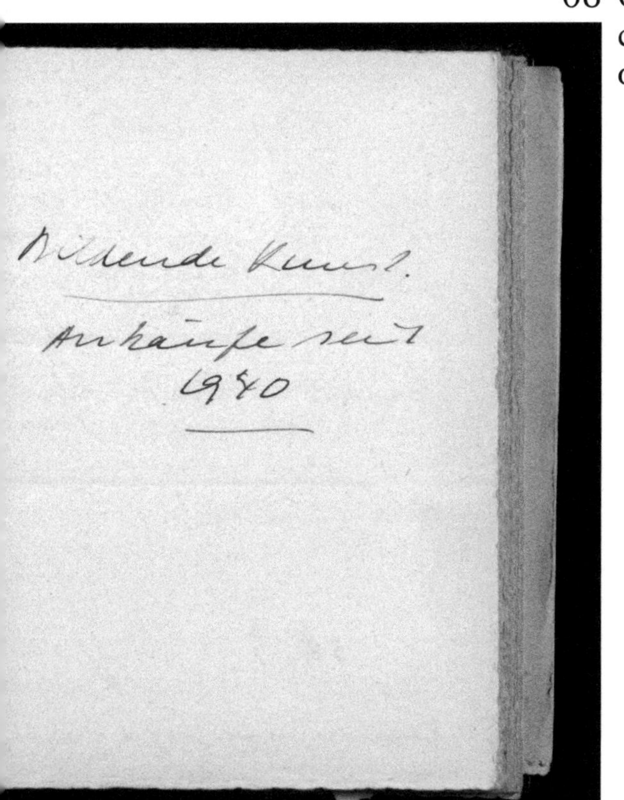

06 Carnet d'Elisabeth Feller contenant ses listes d'achats d'œuvres d'art

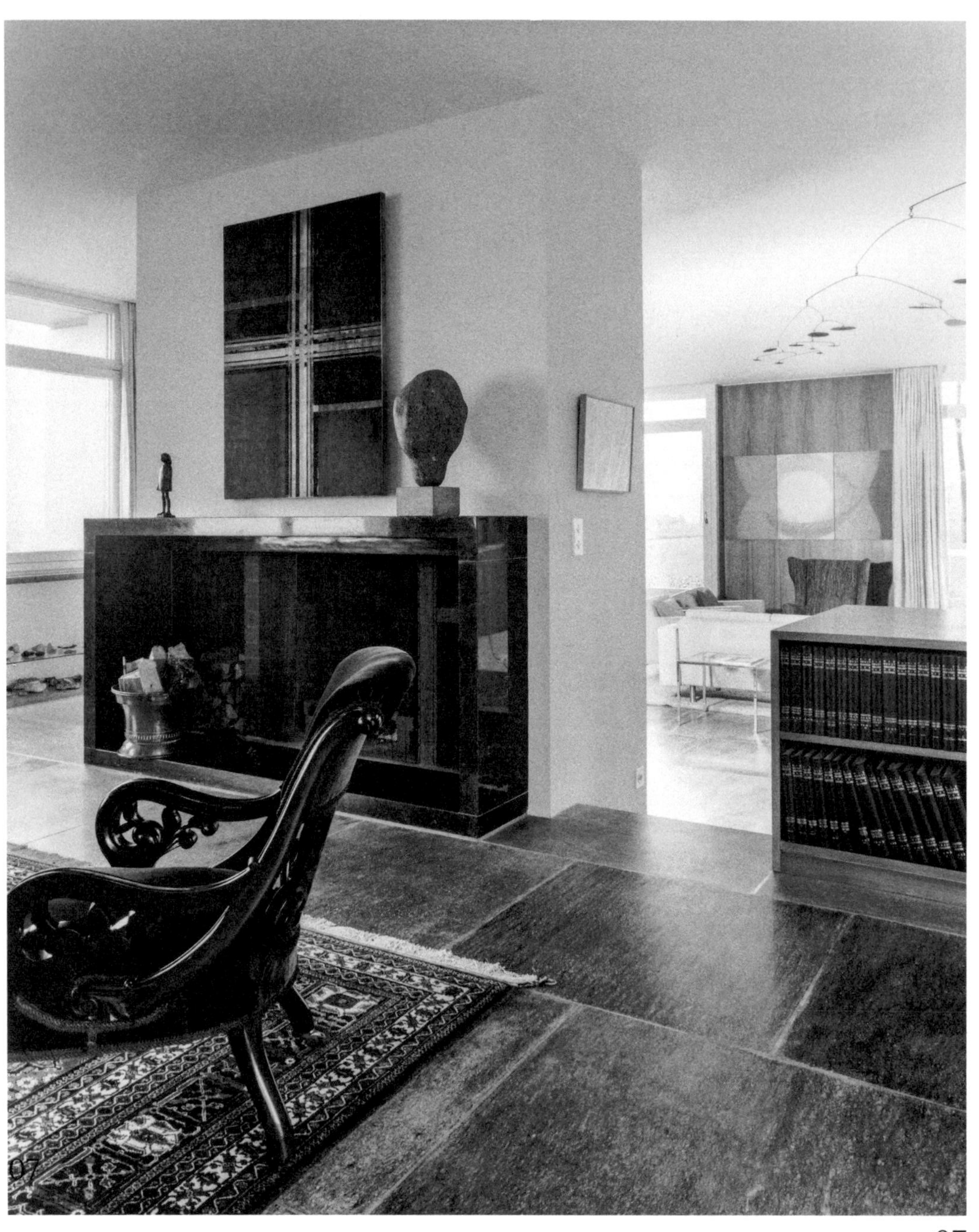

07 Vue intérieure de la Villa Feller à Horgen, v. 1965

De la collection et de la forme. Elisabeth Feller et l'art

Magaly Tornay

Partie I

LE SENS ARTISTIQUE D'ELISABETH FELLER: BIOGRAPHIE CULTURELLE

Invitation chez un «industriel», non, chez une «dame»

En 1969, Elisabeth Feller est interviewée par la Radio Suisse. Alors âgée de 59 ans, cette pointure du monde des affaires est invitée à sélectionner des morceaux de musique pour l'émission. L'entretien se déroule dans la villa moderniste de Horgen, où Elisabeth Feller vit avec sa mère Emma Feller-Richi, à proximité immédiate de l'entreprise Feller qui produit des interrupteurs et des prises. On la présente comme un «industriel». Non, corrige l'animatrice, enfin «une dame», pour une fois.

«Mademoiselle Feller», dit l'animatrice, «lorsque l'on parcourt du regard cette magnifique pièce, on constate tout d'abord la présence d'un très grand nombre d'œuvres d'art. Ensuite, on remarque bien entendu le piano à queue, puis la bibliothèque: chez vous, l'art est manifestement à l'honneur.»[1] La «dame» approuve, confirmant qu'elle a depuis toujours entretenu un lien fort avec l'art et qu'il ne faut pas tourner le dos à l'époque à laquelle on vit. Elle n'a rien contre les vieux maîtres, mais il lui tient à cœur de s'intéresser aux créations contemporaines, même si cela demande un peu d'effort et une certaine volonté. Et justement, cette maison offre l'agencement, la lumière et l'air indispensables au rayonnement des œuvres d'art. De par ses grands murs et ses espaces réservés aux sculptures, Elisabeth Feller s'y sent tout à fait chez elle. Tombe alors le nom de Hans Fischli, l'architecte, le peintre et l'artiste qui construisit la villa, comme de nombreux autres bâtiments de l'entreprise, et la dota d'un grand nombre de sculptures et de tableaux.

Le regard de l'animatrice balaie à nouveau la pièce et s'arrête sur des fleurs et des pierres, dont une ammonite. Quand son père Adolf Feller, fondateur de l'entreprise, décède soudainement à Paris en 1931, Elisabeth Feller suit des études de géographie et de géologie. Aux côtés de sa mère, elle décide alors de créer une société anonyme familiale. L'étudiante qu'elle était encore peu de temps auparavant devient ainsi une «apprentie» qui reprend l'entreprise familiale.

Comme elle le raconte à l'animatrice, Elisabeth Feller voulait initialement voyager à travers le monde et participer à des expéditions mais la vie en décide autrement. Toutefois, sa fonction de présidente des femmes professionnelles et femmes d'affaires suisses puis de l'International Federation of Business and Professional Women lui permettra de parcourir le monde plus tard. Elisabeth Feller considère cet engagement comme relevant de son devoir, puisqu'elle n'a pas d'enfant, que sa mère gère le foyer et qu'elle dispose, de surcroît, des moyens nécessaires.

«Les fleurs, les oiseaux et les paysages», tout cela fait partie de son univers, «c'est là que l'on peut se ressourcer». Viennent ensuite s'y ajouter la bibliothèque murale, le piano à queue, l'électrophone; autant d'éléments essentiels à une existence bourgeoise cultivée.[2] En 1969, tout est donc déjà là: les pierres, les fleurs, les livres et la musique classique, l'architecture et, à portée de vue, l'entreprise – triade éternelle formée par la nature, la culture et la technique. Et partout, les beaux-arts, dont il est question dans la suite de ce texte. Entretemps, la «demoiselle Feller» est devenue une femme du monde.

« Le sens artistique », ou une jeune femme analysée sous toutes les coutures

Comment Elisabeth Feller en vint-elle à collectionner de l'art ? Comment découvrit-elle et développa-t-elle son sens artistique ? Sa biographie culturelle nous en dit plus à ce sujet. Il faut remonter aux années 1930, lorsqu'elle est amenée à reprendre « bon gré mal gré » l'entreprise familiale.[3] Peu de temps après, elle se soumet à une série de tests psychologiques. Une analyse graphologique, un test de Rorschach et un psychogramme doivent cerner sa personnalité et éventuellement l'aider à s'orienter ; plus tard, s'y ajoute un horoscope détaillé.[4]

On pensait à l'époque que l'écriture était révélatrice du caractère, qu'elle constituait une trace de l'être intérieur, de même que les délicates lignes de la paume de la main. L'horoscope et l'analyse graphologique d'Elisabeth Feller révèlent un ensemble de caractéristiques reflétant les normes sociales et les stéréotypes de genre de l'époque : « Le présent horoscope se distingue nettement du fait de ses [...] aspects presque sans exception *désavantageux,* pour un destin ordinaire de femme dont la vie est principalement régie par le mariage, les enfants, les soins à la famille et le foyer. »[5] Quant à l'écriture d'Elisabeth Feller, elle « impressionne par ses antagonismes. La nature masculine de son esprit côtoie une délicatesse féminine du cœur, et une volonté presque effrénée de se répandre vis-à-vis du monde extérieur fait face à un repli simultané du moi intérieur. »[6]

Enfin, son psychogramme indique que « ses traits de caractère principaux » relèvent d'un « mélange peu commun de qualités commerciales et organisationnelles, mais aussi d'aptitudes esthétiques et artistiques, associées à un tempérament vif et instable, ainsi qu'à une bonne intelligence moyenne ».[7] Le test de Rorschach laisse quant à lui entrevoir un contraste entre désir d'évasion et d'adaptation : « Le SR [sujet de recherche] est soit totalement adapté à son environnement extérieur, soit totalement inadapté, il n'y a pas de demi-mesure. »[8]

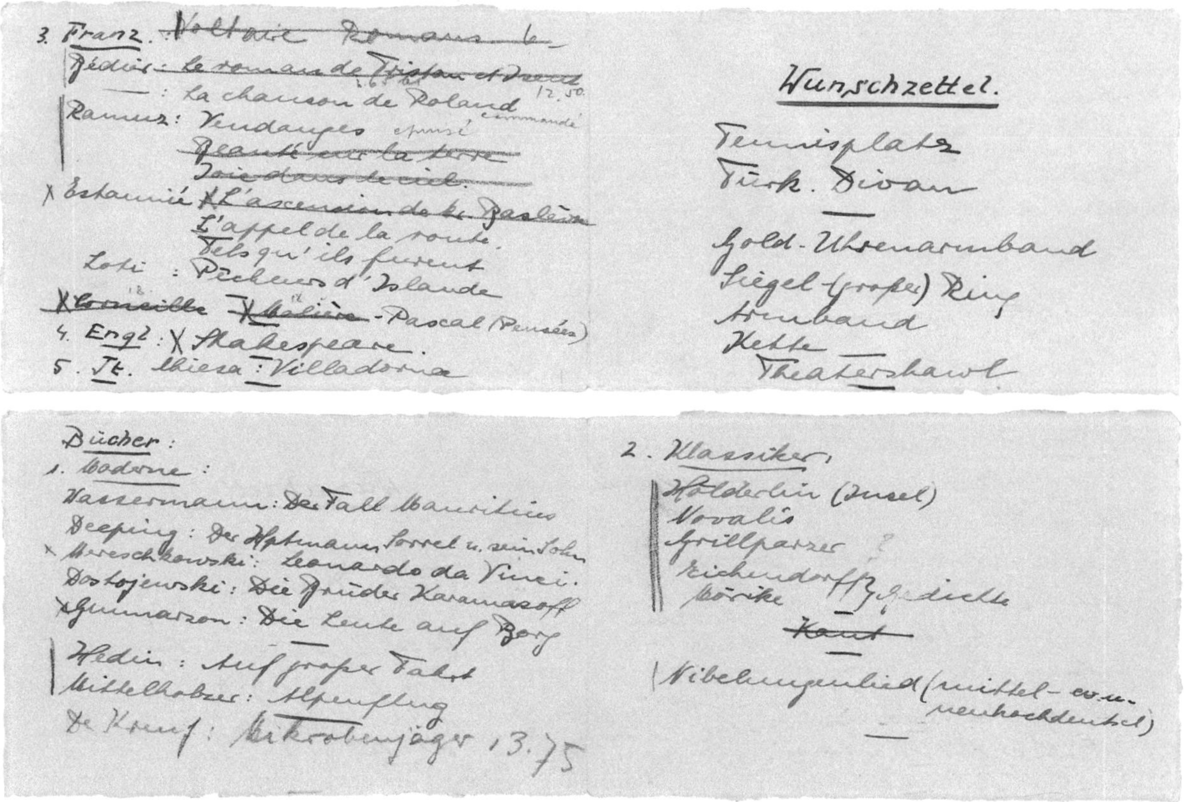

3. Franz. ~~Voltaire Romans 6.~~
Bédier: ~~Le roman de Tristan et Iseut~~ 12.50
— : La chanson de Roland commandé
Ramuz: Vendanges épuisé
~~Géants sur la terre~~
~~Joie dans le ciel.~~
X Estaunié ~~L'ascension de M. Baslèvre~~
L'appel de la route.
Tels qu'ils furent.
Loti : Pêcheurs d'Islande
~~Corneille~~ ~~Molière~~ - Pascal (Pensées)
4. Engl.: X Shakespeare
5. It. Chiesa: Villadorna

Wunschzettel.

Tennisplatz
Türk. Diwan
—
Gold-Uhrenarmband
Siegel-(großer) Ring
Armband
Kette
Theatershawl

Bücher:
1. Moderne:
Wassermann: Der Fall Maurizius
Deeping: Der Hauptmann Sorrel u. sein Sohn
x Mereschkowski: Leonardo da Vinci.
Dostojewski: Die Brüder Karamasoff
x Gunnarsson: Die Leute auf Borg
—
Hedin: Auf großer Fahrt
Mittelholzer: Alpenflug
de Kruif: Mikrobenjäger 13.75

2. Klassiker:
Hölderlin (Insel)
Novalis
Grillparzer ?
Eichendorff
Mörike } Gedichte
~~Kant~~
—
Nibelungenlied (mittel- u. neuhochdeutsch)

08–09 Liste des vœux de Noël d'Elisabeth Feller, v. 1930

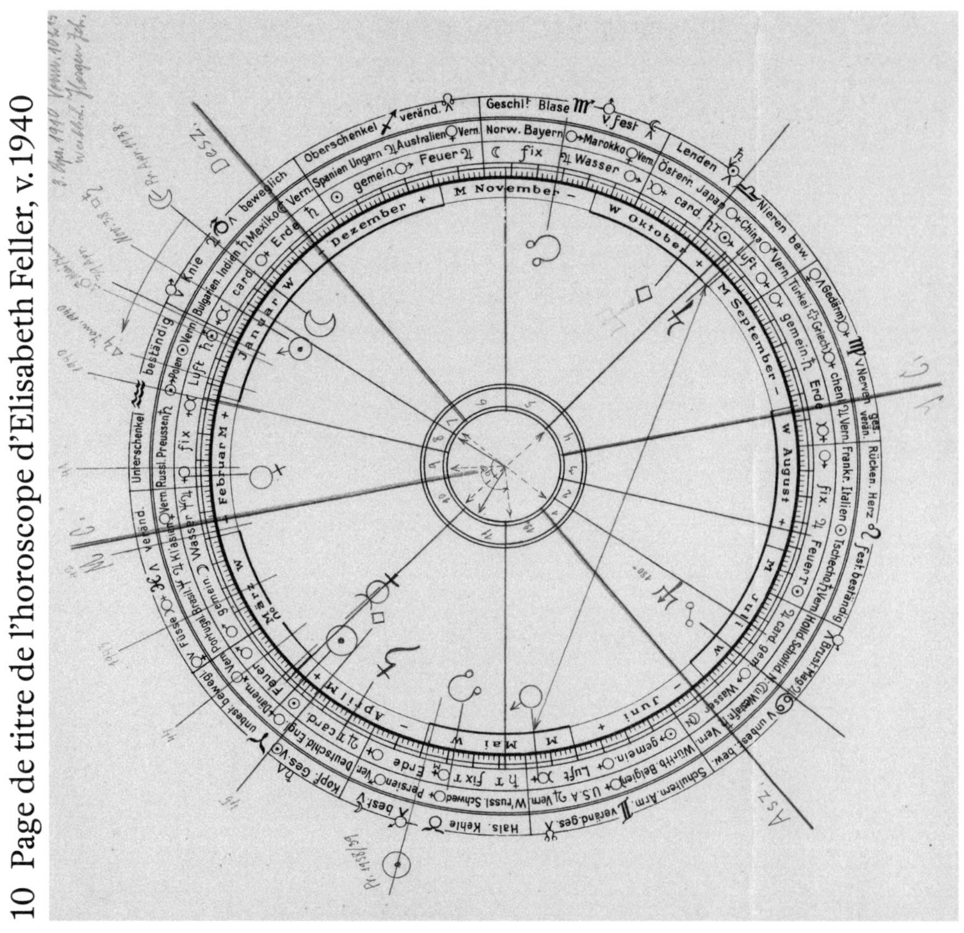

10 Page de titre de l'horoscope d'Elisabeth Feller, v. 1940

14

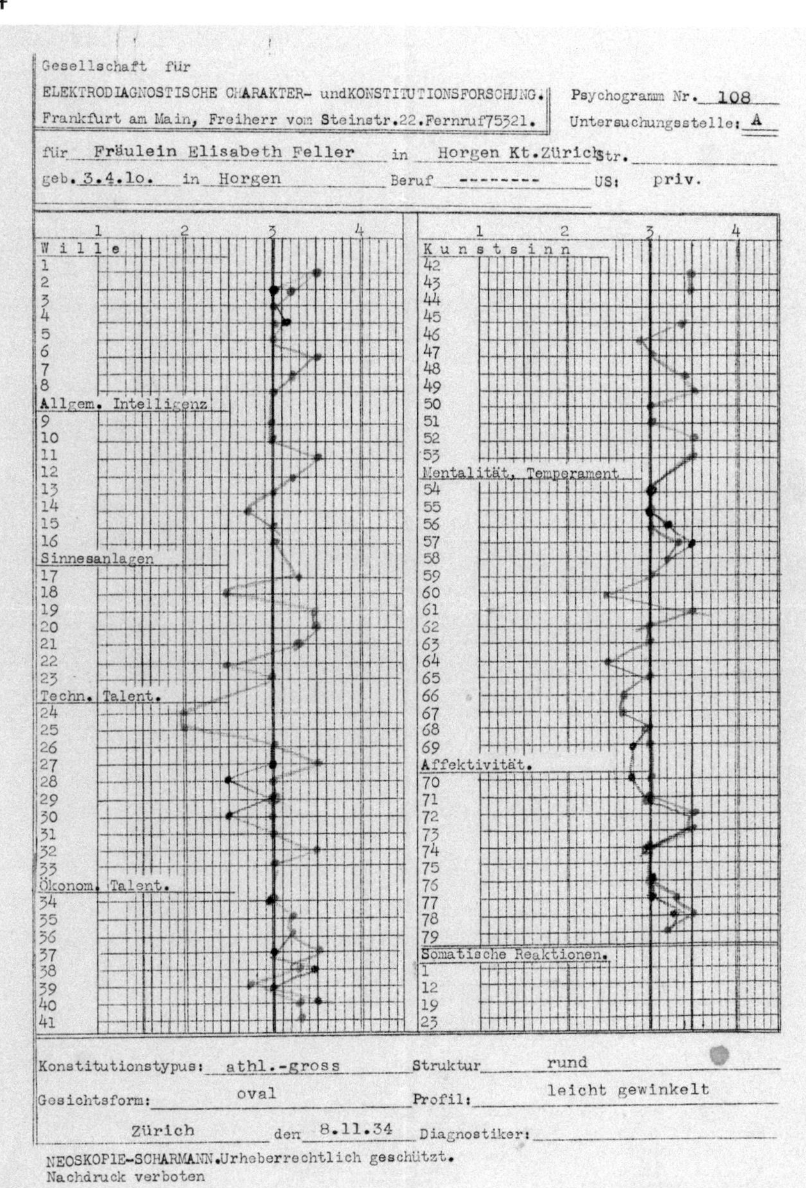

Gesellschaft für
ELEKTRODIAGNOSTISCHE CHARAKTER- undKONSTITUTIONSFORSCHUNG.
Frankfurt am Main, Freiherr vom Steinstr.22.Fernruf75321.

Psychogramm Nr. 108
Untersuchungsstelle: A

für Fräulein Elisabeth Feller in Horgen Kt.Zürich Str.
geb. 3.4.1o. in Horgen Beruf -------- US: priv.

1 2 3 4	1 2 3 4
Wille	Kunstsinn
1	42
2	43
3	44
4	45
5	46
6	47
7	48
8	49
Allgem. Intelligenz	50
9	51
10	52
11	53
12	Mentalität, Temperament
13	54
14	55
15	56
16	57
Sinnesanlagen	58
17	59
18	60
19	61
20	62
21	63
22	64
23	65
Techn. Talent.	66
24	67
25	68
26	69
27	Affektivität.
28	70
29	71
30	72
31	73
32	74
33	75
Ökonom. Talent.	76
34	77
35	78
36	79
37	Somatische Reaktionen.
38	1
39	12
40	19
41	23

Konstitutionstypus: athl.-gross Struktur rund
Gesichtsform: oval Profil: leicht gewinkelt
Zürich den 8.11.34 Diagnostiker:

NEOSKOPIE-SCHARMANN.Urheberrechtlich geschützt.
Nachdruck verboten

11–13 Notes d'Elisabeth Feller sur ses cadeaux de Noël et d'anniversaire, 1934/35

14 Le «sens artistique» d'Elisabeth Feller dans son test électrodiagnostique, 1934

Dans ces tests, Elisabeth Feller apparaît comme une jeune femme pleine d'ambivalence, autant femme créative qu'*homme* d'affaires, et il dut lui être difficile de se plier à l'adage selon lequel « le caractère, c'est la destinée ».[9] Ce n'est toutefois pas le test de Rorschach et ses taches d'encre esthétiques rappelant des papillons qui révèlent son « sens artistique ». Celui-ci lui est diagnostiqué par un appareil technique tout droit sorti de la néoscopie qui mesure, enregistre et retranscrit ses ondes cérébrales sous la forme d'un psychogramme. Cette procédure repose également sur l'idée selon laquelle les traits de caractère se traduisent dans le corps et que l'intérieur se reflète à l'extérieur. Ainsi, la forme du visage d'Elisabeth Feller (« ovale »), son « type de constitution physique » (« grande et athlétique ») et son profil (« légèrement replié ») sont également consignés. Les relevés cérébraux renseignent, par des lignes rouges et bleues ordonnées en zigzag, quant à sa volonté, son intelligence, son talent technique et économique, son affectivité, ses organes sensoriels et enfin son « sens artistique ». On lui concède que tout en présentant « la courbe cérébrale d'une femme », elle dispose malgré tout d'un bon sens moyen de la technique, de la mécanique et de l'architecture, même si ses prédispositions en matière de « construction mécanique et de design étaient initialement faibles ». On lui conseille de devenir « enseignante en travaux manuels, maîtresse en école professionnelle ou professeure dans les matières pratiques et musicales ». D'après le test, contrairement à son talent technique, son « sens artistique » est supérieur à la moyenne.[10]

Les débuts de la collection : des pierres sculptées et de l'art abstrait

Les années 1940 marquent le début d'une nouvelle ère dans le sens artistique d'Elisabeth Feller. C'est en effet à cette époque qu'elle commence à collectionner de l'art. Naturellement, des œuvres d'art figuraient déjà auparavant sur les listes de cadeaux de Noël minutieusement rédigées dans la famille Feller.[11] Par ailleurs, la mère d'Elisabeth, Emma Feller-Richi, avait voulu être artiste avant que son époux ne l'oblige manifestement à faire une croix sur cette carrière.[12] Elle continue toutefois de peindre des aquarelles et d'entretenir des amitiés avec des artistes. Le cercle d'amis de la famille compte notamment Reinhold Kündig, Hermann Huber, Victor Surbek et Marguerite Frey-Surbek.[13] Elisabeth poursuit ces amitiés : « J'ai noué une relation très belle et très enrichissante avec les familles Kündig-Huber. Combien de moments merveilleux ai-je pu passer chez elles, avec elles dans leurs ateliers », écrit-elle dans son journal en 1941.[14]

Un nouveau repère, plus jeune, fait alors son apparition dans la vie d'Elisabeth Feller en la personne de Hans Fischli, architecte, peintre et sculpteur (1909–1989) : « habillé en gris militaire », le « constructeur » Hans Fischli se présente pour la première fois chez Feller en 1940, alors qu'il est en permission de son service actif. À partir de cette date « mémorable », il construit au fil des décennies de nombreux bâtiments industriels, des extensions d'usine, la maison de bienfaisance « Höckli » et la villa déjà mentionnée. Sa construction Feller la plus connue est l'usine, classée monument historique, et sa façade vitrée en zigzag donnant sur le lac, sorte de fenêtre inclinée en shed, ensuite devenue célèbre sous le nom de « Swiss-Zig-Zag ».[15]

Par l'intermédiaire de Fischli, Elisabeth Feller découvre l'art contemporain abstrait. Rapidement, elle note dans son journal : « Et aux peintres est venu s'ajouter l'architecte – j'apprécie notre Fischli chaque jour un peu plus – malgré les erreurs et négligences occasionnelles (le chauffage !) qu'il commet justement parce que c'est un artiste accompli. Comme j'aime l'idée de placer [...] une sculpture dans le nouveau bureau pour aider un jeune artiste à progresser. »[16]

Quelques jours plus tard, elle semble vraiment euphorique : « Hier a été le plus beau jour de ma vie qui n'est plus si courte que cela. Fischli, comme je te suis reconnaissante de tout ce que tu m'as déjà apporté – et de tout ce qui est encore à venir! L'art, encore et toujours. La visite de l'atelier du sculpteur Aeschbacher – puis dans ton bureau la tentative d'explication de l'art abstrait. Dessiner ce qui se passe derrière les choses en laissant de côté ces choses elles-mêmes, les objets. Digérer le tout en dégustant un americano au *Terrasse* – mais non, la digestion ne se fera pas aussi vite. La grande tête d'Aeschbacher – le sphinx, comme je l'ai baptisée – me hante vraiment. Vais-je choisir celle-ci ou la splendide tête de jeune fille, moins problématique ? »[17]

Grâce à Hans Fischli et à son ami le sculpteur Hans Aeschbacher,[18] elle découvre également son penchant pour les pierres « sculptées ». Aujourd'hui encore, la tête de jeune fille d'Aeschbacher trône dans la collection de l'entreprise Feller – mais nulle trace du sphinx. C'est également Aeschbacher qui incite le « constructeur » Fischli à travailler lui-même la pierre.[19]

Cette amitié avec Fischli a l'effet d'un catalyseur sur l'activité de collectionneuse d'art d'Elisabeth Feller. D'une part, Fischli la met en contact avec de nombreux artistes de sa génération et lui permet d'accéder à la scène artistique contemporaine. D'autre part, Elisabeth Feller découvre grâce à lui de nouvelles approches. À la peinture figurative qu'elle connaissait déjà par sa mère, vient s'ajouter l'art concret-constructif non figuratif de ses contemporaines et contemporains qui entendent créer des œuvres d'art sans référence à la nature extérieure (c'est-à-dire sans image figurative ni abstraction) pour trouver, à la place, des lois et moyens propres à l'art – avec une prédilection pour les surfaces monochromes et les formes mathématiques et géométriques.[20] Les acteurs de l'art concret et constructif zurichois se démarquent ainsi radicalement de la peinture figurative, alors considérée comme une peinture populaire dans la veine de Ferdinand Hodler. La collectionneuse d'art Elisabeth Feller reste toutefois ouverte à ces deux conceptions artistiques.

15 Hans Aeschbacher, *Weiblicher Kopf* [Tête féminine], 1952, pierre de champ rouge

16 Carnet d'achats d'œuvres d'art d'Elisabeth Feller

17 Hans Fischli dans son atelier, photographié par Elisabeth Feller, sans date

18 Hermann Huber, *Sihltallandschaft mit Reiter* [Paysage de la vallée de la Sihl avec cavalier], 1947, huile sur toile

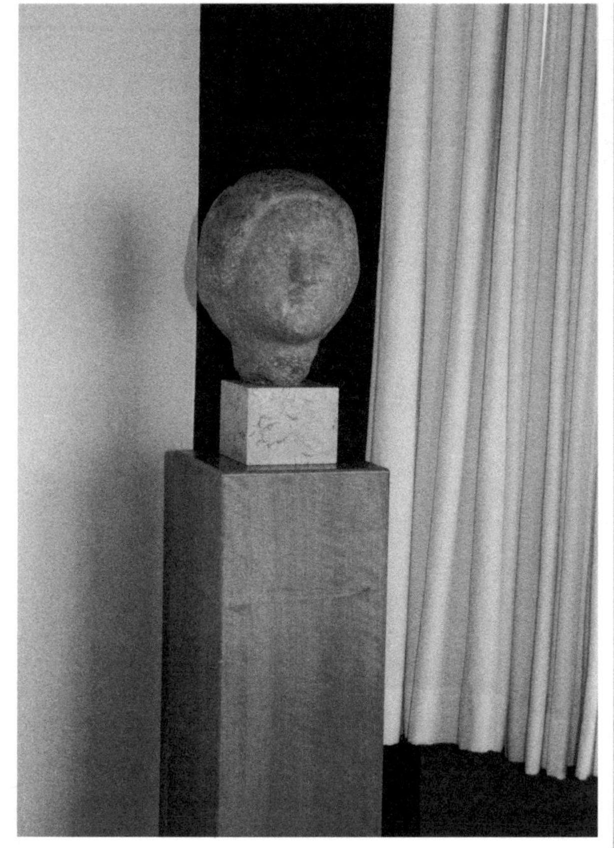

15

16

17

18

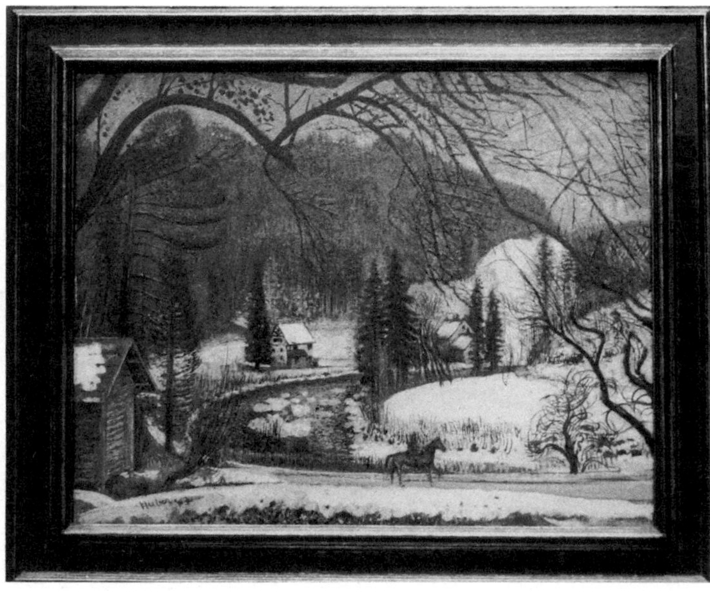

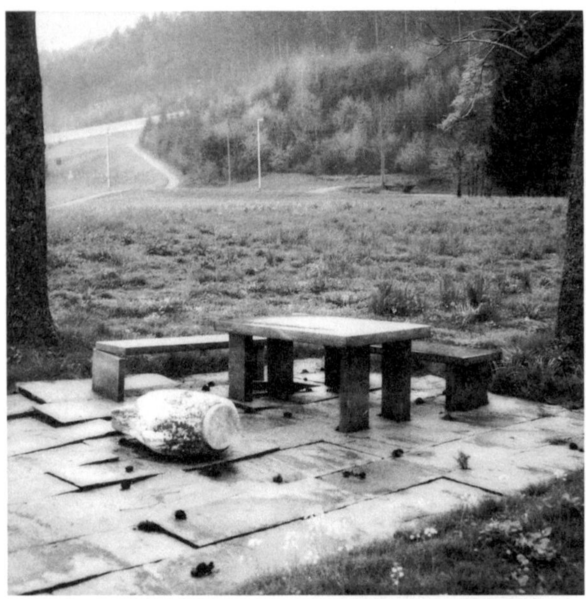

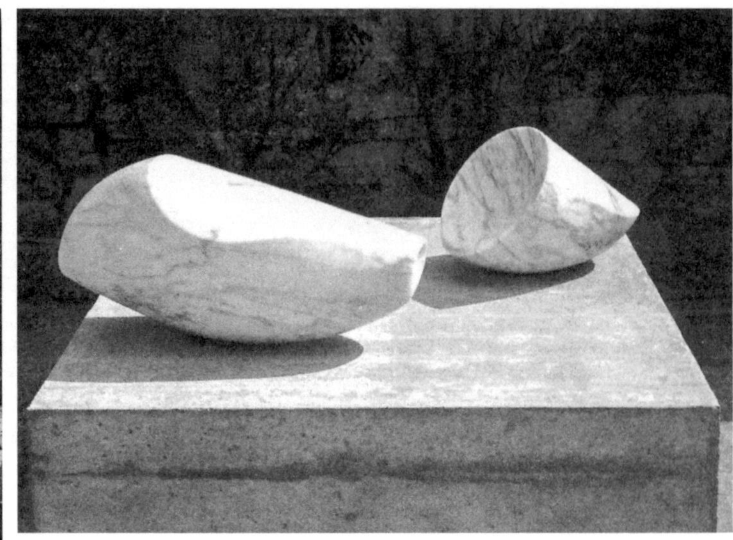

22

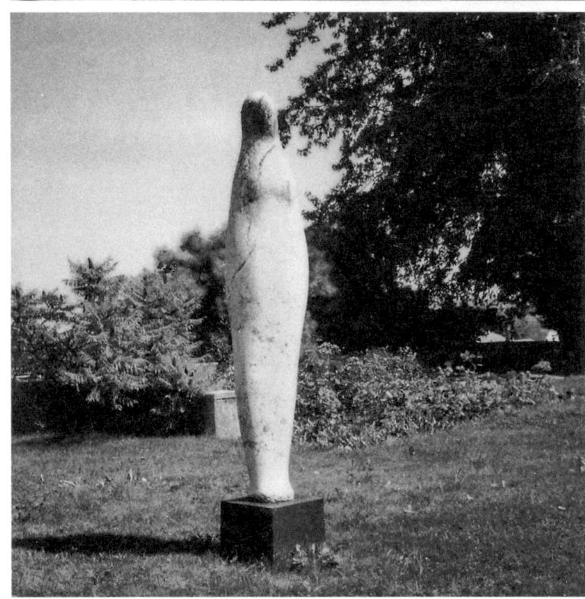

19
20

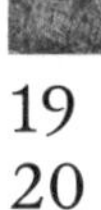

23

21

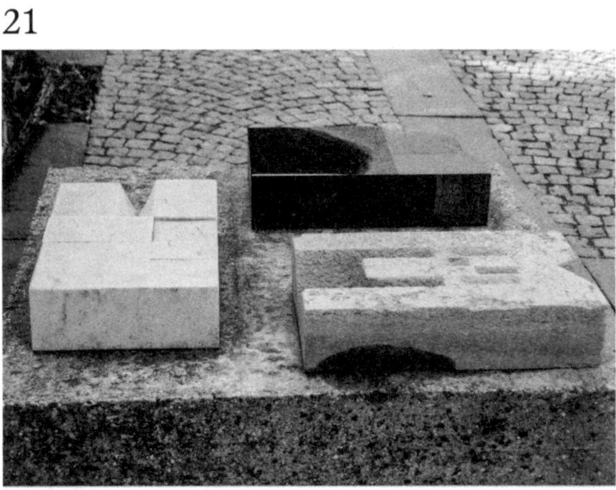

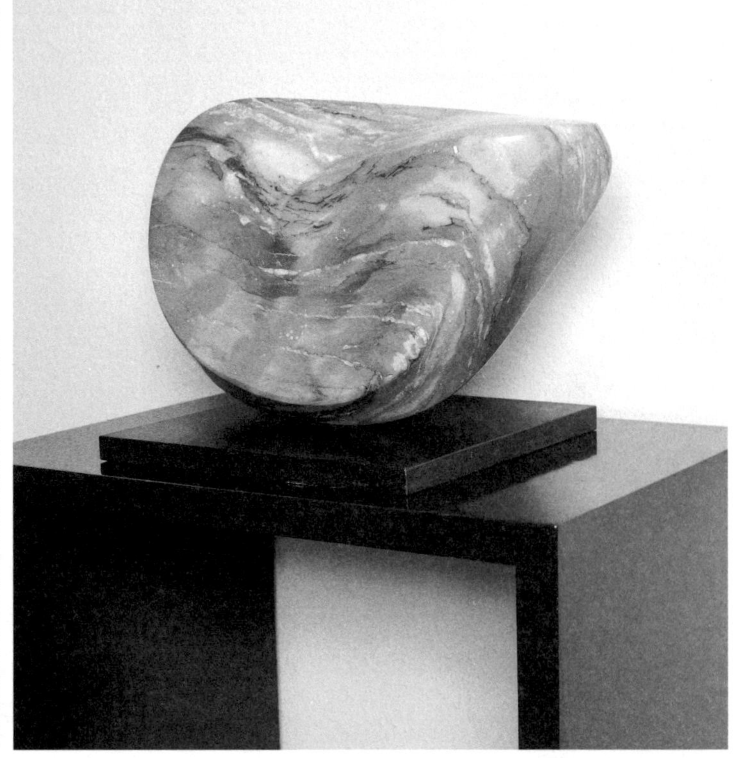

Elisabeth et «Fisch» («poisson» en allemand - «Fischli» signifiant «petit poisson»), comme elle l'appelle rapidement, sont liés par une étroite amitié, maintes fois laborieusement reléguée au rang de «camaraderie». Avec lui, elle intègre le processus de création artistique, se plonge dans celui-ci et l'accompagne: «Et hier chez toi dans l'atelier, mon cher Fischli [...] où tu [...] as commencé à sculpter ta pierre. Je n'ai jamais assisté à ce point au processus artistique – l'heure durant laquelle je t'ai observé est passée à une vitesse vertigineuse – et en plus je peux revenir.»[21] Elle apprend également à regarder autrement: «Il peint lui-même comme un possédé», note-t-elle plus tard, «et je dois apprendre à regarder de nouveaux tableaux».[22] C'est ainsi que réapparaît sa volonté de comprendre le contemporain précédemment évoquée.

Lentement mais sûrement, les beaux-arts occupent une nouvelle place dans son univers. Tandis que les «décorations artistiques» avaient encore clairement le statut d'ornements au début, il s'agit à présent de bien plus que cela: une compréhension profonde et une manière d'être au monde.[23] Un ensemble qui va de pair avec des amitiés, des soirées conviviales et des discussions jusque tard dans la nuit dans son pied-à-terre de la Stockerstrasse, à Zurich.

Bien souvent, on trouve chez Elisabeth Feller une volonté d'aider les artistes. Elle soutient financièrement Hans Aeschbacher et d'autres. À la suite d'un revers de fortune dont les détails ne peuvent être reconstitués aujourd'hui et qui concernait Emil Bührle et le Kunsthaus, elle doit notamment sauver «Aeschbi» du naufrage: «Il me prend beaucoup d'argent – mais j'espère qu'il va se remettre totalement *à flot.*»[24] Proche des membres de la Société artistique du Kunsthaus de Zurich, elle est nommée à son comité directeur en 1969. Lors d'une visite de la Kronenhalle, Bührle l'impressionne «non pas par ses millions, mais par sa simplicité et sa modestie» et sa disposition à encourager l'art.[25]

19 Hans Fischli, *Chinolata* [Chinolata] ou *Krug* [Cruche], sans date, calcaire italien

20 Hans Aeschbacher, *Weibliches Idol* [Idole féminine], 1949, marbre provençal

21 Hans Fischli, *Drei Steine* [Trois pierres], 1958, marbre de Carrare, calcaire coquillier (Muschelkalk), granit suédois

22 Hans Fischli, *Mère et enfant,* 1961, marbre. Cette sculpture, aujourd'hui disparue, ornait l'entrée de la Villa Feller.

23 Hans Fischli, *Stein* [Pierre], 1960, marbre de Collombey

Et quand une pierre sculptée par Aeschbacher se révèle plus éphémère que prévu puisqu'elle se brise au cours de son transport, Elisabeth Feller note: « Et je souhaite aider ici et là, et partout, avec de l'argent bien sûr, mais aussi autrement, sur le plan humain. »[26] Cela alors même que la sculpture – qu'elle qualifiait de « chef-d'oeuvre absolu » d'Aeschbacher, impressionnant « par sa taille et sa clarté » – n'était même pas destinée à la collection Feller. Elisabeth Feller vit et souffre avec les artistes.

Dans les années 1940 et jusqu'au début des années 1950, Hermann Huber, Hans Fischli et Hans Aeschbacher forment une sorte de triangle mouvant dans lequel elle évolue: « Pour les temps à venir, Huber et Fischli seront mes « pôles » – Aeschbi est provisoirement exclu », décide-t-elle par exemple à la suite d'un conflit.[27] À ses yeux, l'aide va dans les deux sens. Elle écrit ainsi dans son journal: « Ces derniers temps, c'est Huber qui m'aide, sans qu'il le sache », puis peu après: « C'est à nouveau Fischli! » - ce dernier qui, selon elle, lui donne tant et la rend si riche qu'elle ne peut qu'être reconnaissante.[28]

Plus le quotidien est compliqué, et les événements liés à la guerre de l'autre côté des frontières éprouvants, plus ce qui était une « ornementation » devient une évasion et un contrepoids dans la vie de la femme d'affaires: « l'épanouissement et l'élévation dans l'art, en compensation d'un quotidien de plus en plus dur et exigeant à mesure que la guerre s'installe; les relations avec les artistes sont ce qui me libère, me fait mûrir et me rend heureuse d'une façon ou d'une autre dans les domaines où je pourrais m'encroûter facilement. »[29] Même après la guerre, les arts plastiques continuent de faire partie de ce qui contribue à « ne pas s'aigrir! ».[30] Collectionner de l'art lui permet ainsi de nouer des relations, de donner du sens à sa vie (aider et s'occuper des autres) et d'illuminer son quotidien.

25 Signature avec idéogramme de Hans Fischli, lettre à Elisabeth Feller, 27/11/1949

26 Carnet d'achats d'œuvres d'art d'Elisabeth Feller

27 Lettre de Hanny Fries à Elisabeth Feller (extrait), 30/12/1952

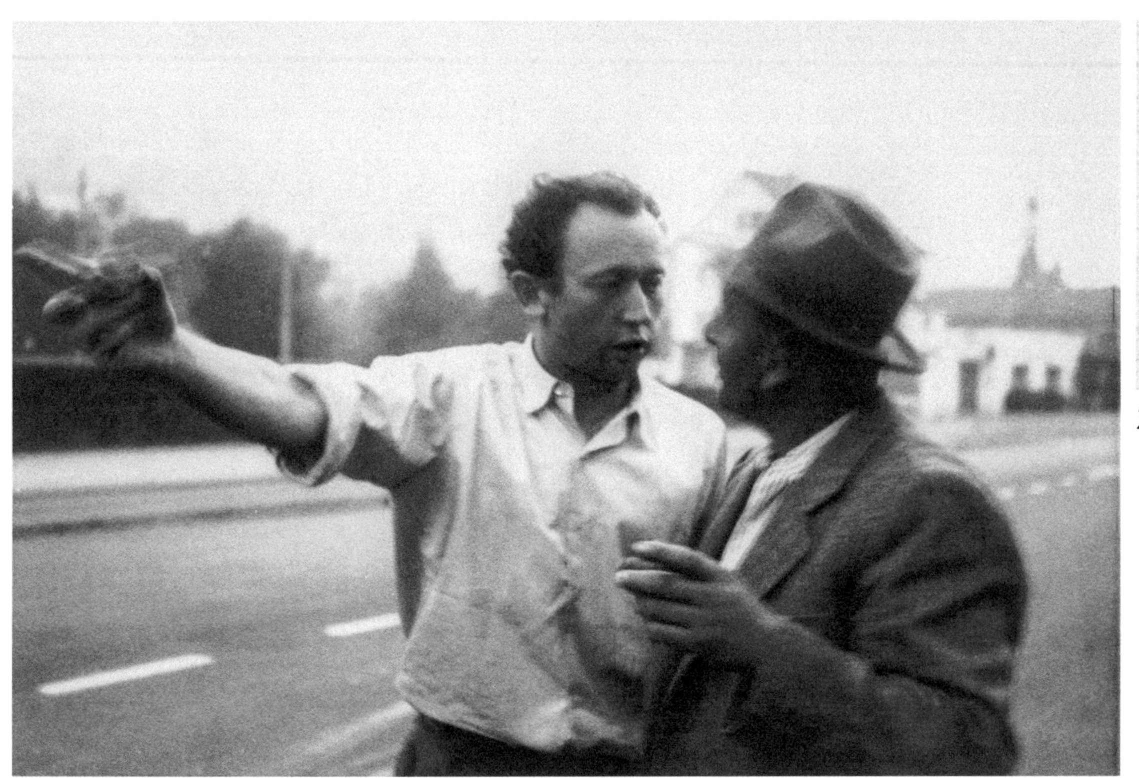

25

24 Hans Fischli et Hans Aeschbacher, v. 1940

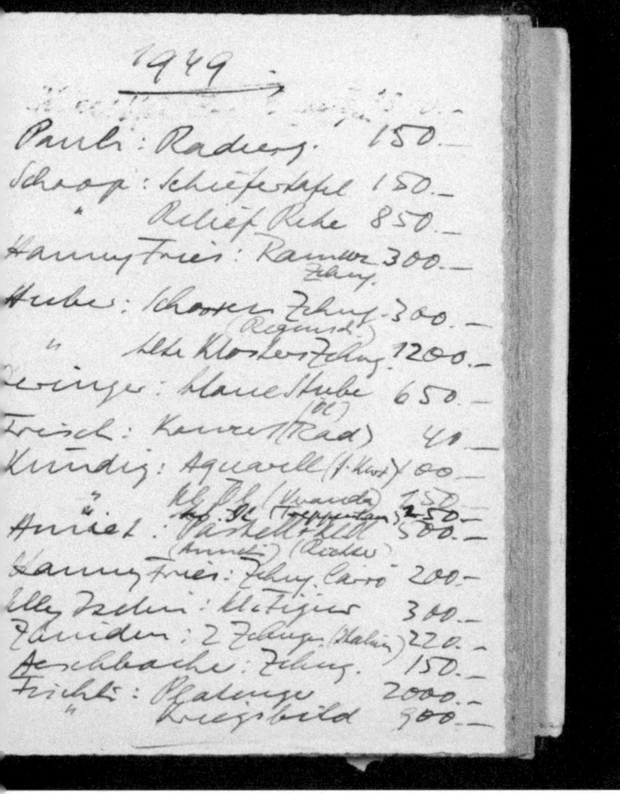

1949

Pauli: Radierg. 150.–
Schaap: Schiefertafel 150.–
" Relief Rehe 850.–
Hanny Fries: Kamer Zehng. 300.–
Aeschbacher: Zehng. 150.–
Fischli: Plastik 2000.–
" Kriegsbild 900.–

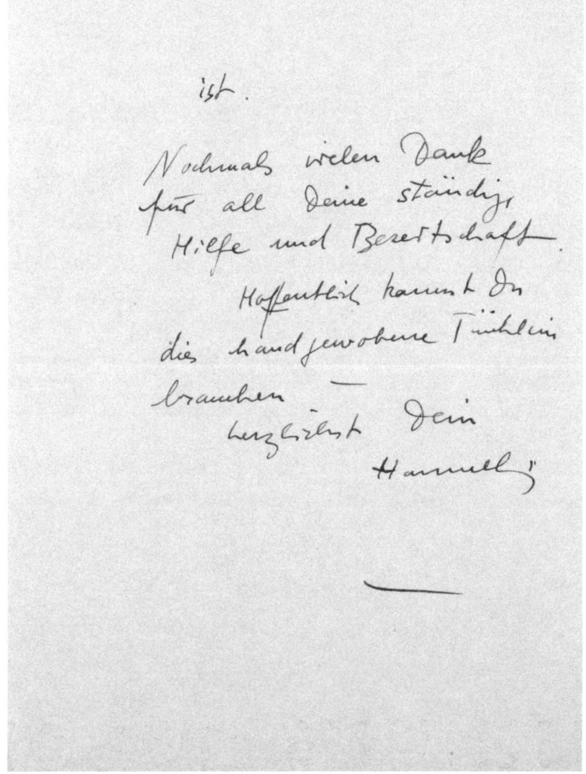

ist.

Nochmals vielen Dank
für all Deine ständige
Hilfe und Bereitschaft.
Hoffentlich kannst Du
dies handgewobene Tüchlein
brauchen –
herzlichst Dein

26 27

L’UNIVERS ESTHÉTIQUE DE L’ENTREPRISE FELLER: NORMES ET FORMES

De l’esprit de la « bonne forme »

Ses rencontres avec les beaux-arts façonnent Elisabeth Feller et l’aident probablement aussi à s’extraire des normes de l’époque, au moins temporairement. Dans les années 1930, comme nous l’avons vu, on lui attribue non seulement un « sens artistique » mais aussi une vie atypique pour une « destinée de femme ordinaire ». Les choses se passent effectivement ainsi. Comme elle l’espérait dans son journal intime, elle grandit réellement dans son rôle de « femme d’affaires ».[31] Pour cela, elle modèle son environnement et son entreprise, notamment par le biais des beaux-arts.

Rapidement, son « sens artistique » ne se limite plus à orner les murs et les jardins ; il pénètre dans l’entreprise, les bureaux, les appareils et les bâtiments, et s’infiltre même chez le personnel et en lui. La collection d’art n’est donc pas un élément inerte, mais une part active dans la conception de l’entreprise Feller. Le magazine interne *Fellerstern* rapporte ainsi que « l’amatrice d’art » ne laisse pas ses peintures, dessins et sculptures prendre la poussière mais les étale « ouvertement devant [ses employés] ». Son influence va encore plus loin : avec l’aide d’architectes et de graphistes, elle donne une ligne au nom « Feller » – et cette ligne « se ressent depuis les bâtiments de l’usine jusqu’aux détails des produits ».[32] En 1945, cette influence, cette signature, devient aussi le logo de l’entreprise créé par Hans Neuburg.

Rapidement, le « style incomparable de l'entreprise » Feller se décline du design des produits au concept architectural de l'usine, sculptures et peintures comprises, en passant par la publicité et le graphisme.[33]

Comment la ligne évolue-t-elle par la suite ? Comment trouve-t-on de la beauté dans la technique ? En exprimant quelque chose avec des moyens apparemment très simples – ce qui fait la beauté de l'art non figuratif.[34] Le concept de « bonne forme », créé par Max Bill pour le « Schweizerischer Werkbund » (Association suisse des artisans) et mis en œuvre dans le cadre d'une exposition itinérante qui dure pendant près de 20 ans – et au sein de laquelle l'entreprise Feller est représentée, et récompensée, avec son interrupteur à bascule – joue un rôle déterminant à cet égard. La forme doit correspondre à la nature de la chose, ni plus ni moins. La « bonne forme » ne se trouve pas par hasard.[35] L'approche de Max Bill est marquée par l'ère des machines, la « bonne forme » résidant *dans* la technique et l'industrie, et non en dehors. Max Bill fait enregistrer la « bonne forme » au registre des marques. Typiquement suisses, les idéaux de précision, de fonctionnalité, de clarté et de sobriété vont de pair avec ceux de l'art concret-constructif.[36]

S'y ajoute l'idée d'un « design global », qui prône une unité dans la conception de la publicité, du graphisme, du lieu de travail, des produits, de l'architecture et de l'environnement. À cet effet, l'entreprise se rapproche de l'école d'arts appliqués de Zurich.[37] Carlo Vivarelli, l'un de ses designers, explique aux dessinateurs d'études de Feller ce en quoi consiste la « bonne forme » : pour chaque produit, ils doivent toujours se poser les questions suivantes : « Le produit a-t-il été fabriqué en respectant les matériaux ? Veut-il, de par son matériau ou la manière dont il est travaillé, prétendre être plus que ce qu'il est ? [...] Séduit-il au premier regard du fait de sa couleur ou de sa forme, qui n'a cependant rien à voir avec l'utilisation prévue [...] ? Exige-t-il un long mode d'emploi ? »[38] L'objectif consiste à imprégner au maximum l'ensemble de la production de « l'esprit de

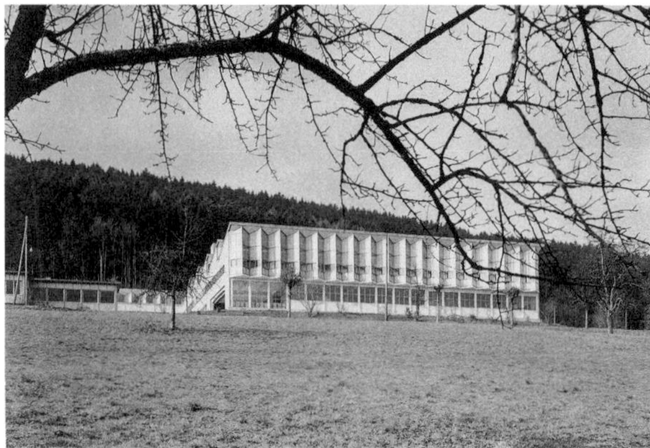

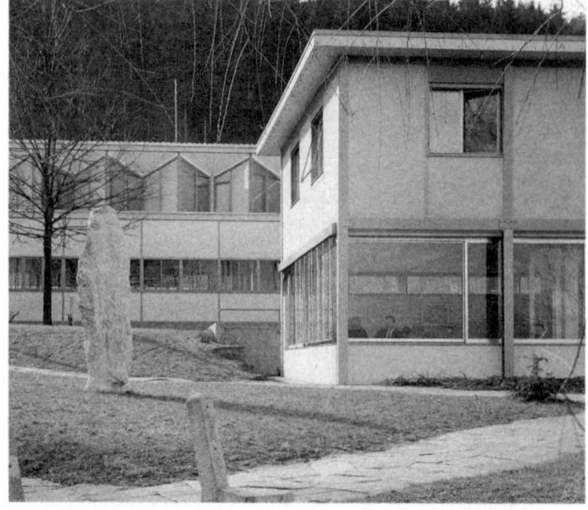

29–30 Halle de production de l’entreprise Feller avec façade vitrée en zigzag, construite en 1953 par Hans Fischli, sans date

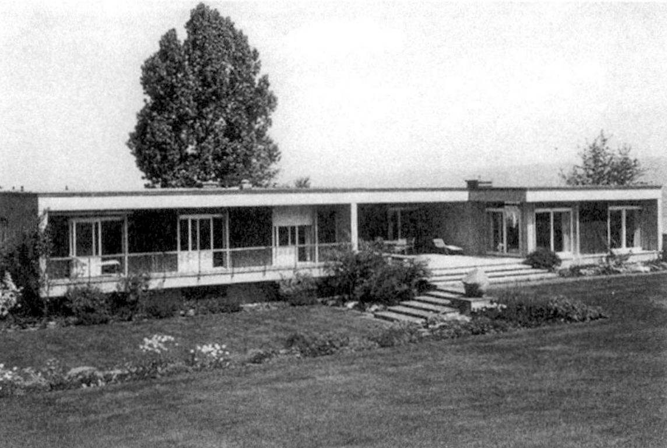

28 Villa Feller à Horgen, construite en 1963–65 par Hans Fischli, sans date

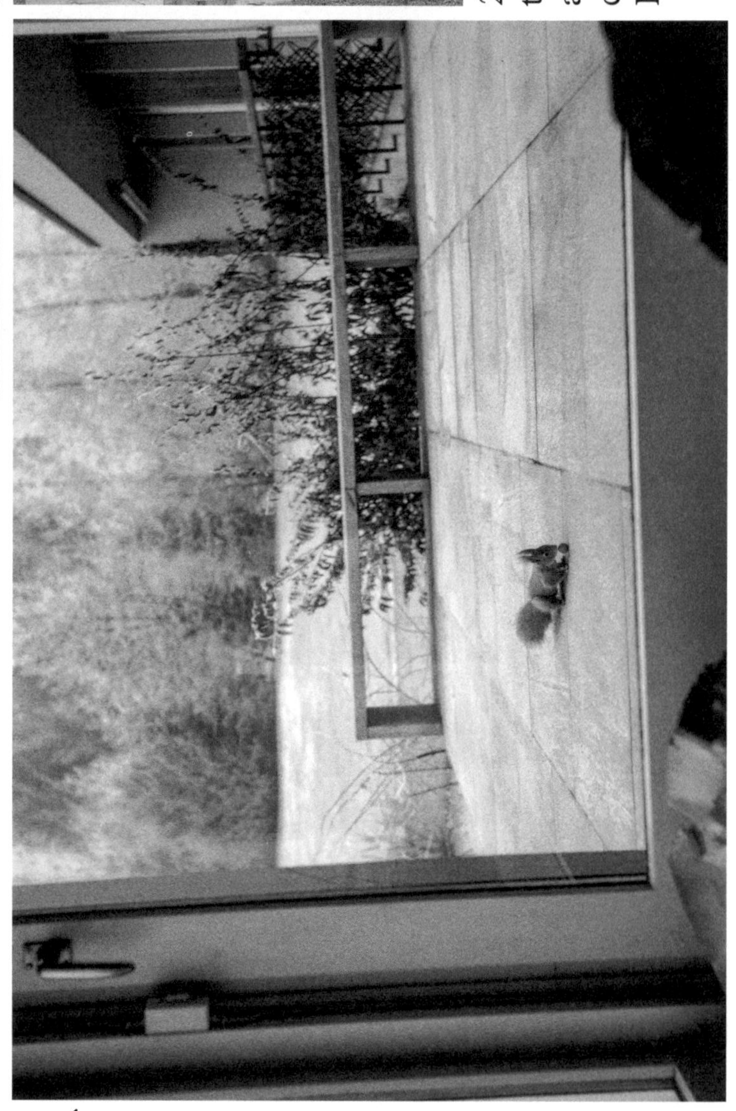

31 Écureuil sur la terrasse de la Villa Feller, photographié par Elisabeth Feller, sans date

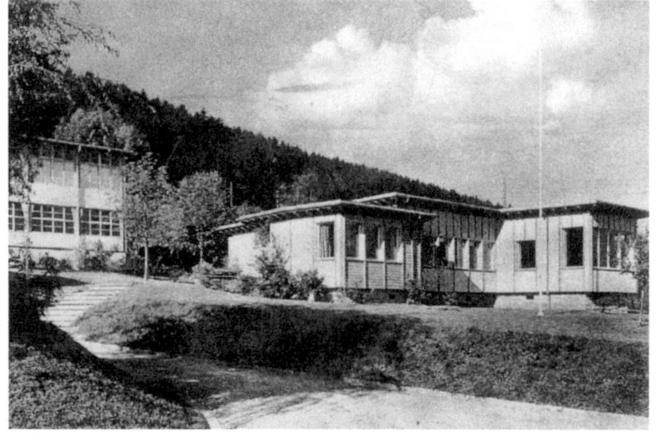

32 Maison de bienfaisance « Höckli » de l’entreprise Feller, construite entre 1945 et 1947 par Hans Fischli, sans date

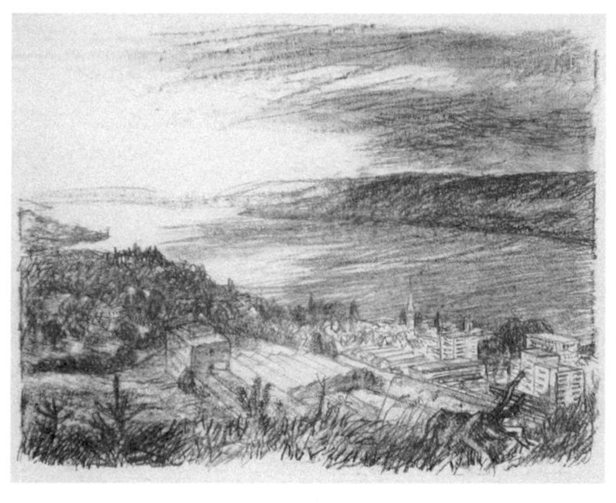

33 Reinhold Kündig, *Le site Feller*, 1928, dessin

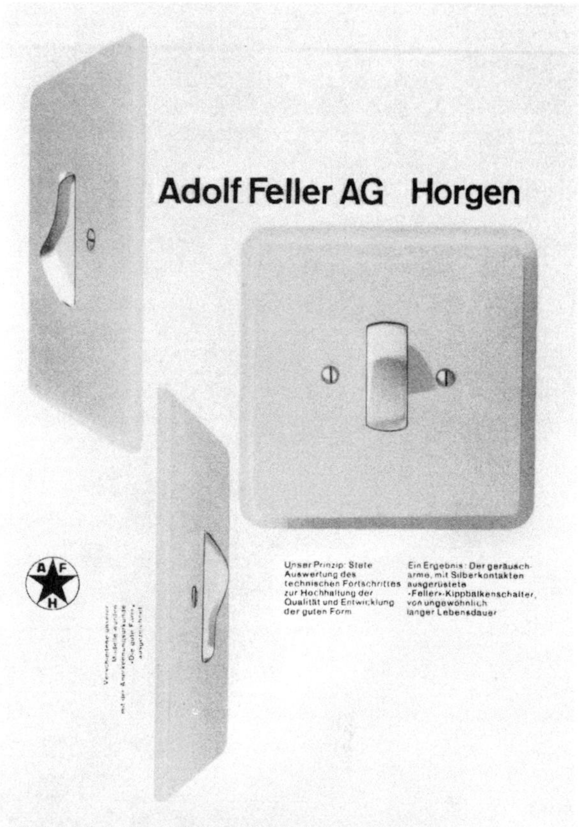

34 Sigle de l'entreprise, à partir de la signature d'Elisabeth Feller stylisée par Hans Neuburg, v. 1954

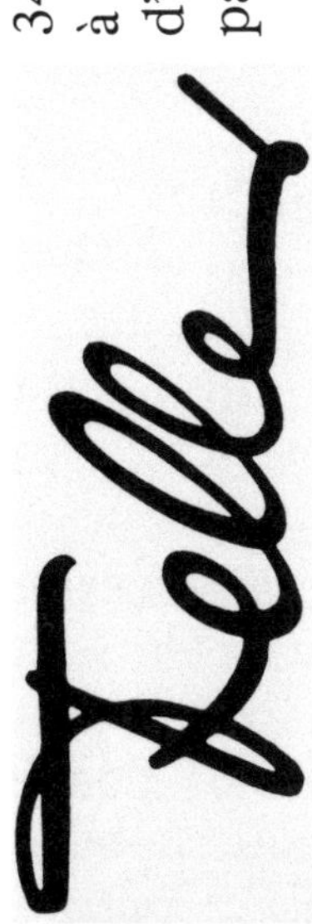

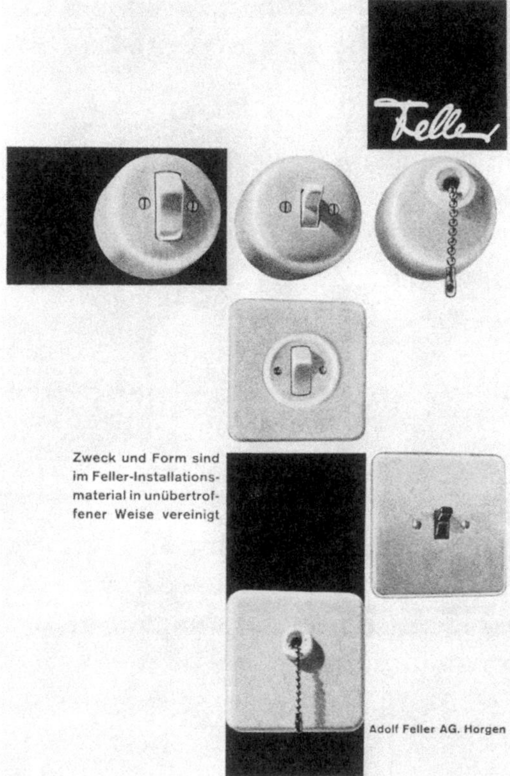

35 Publicité de l'entreprise Feller, conçue par Richard P. Lohse, 1950

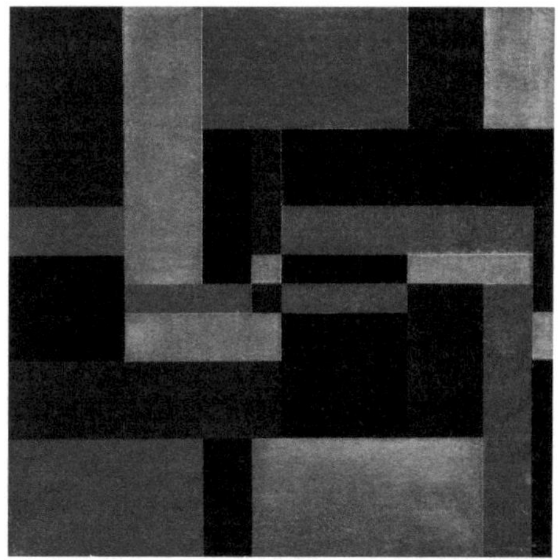

36 Publicité de l'entreprise Feller, conçue par Carlo Vivarelli, 1953

37 Carlo Vivarelli, *1–4 zu 1 aus Doppelkern* [1 à 4 sur 1 à partir d'un double noyau], 1966–67, peinture polymère synthétique sur écran

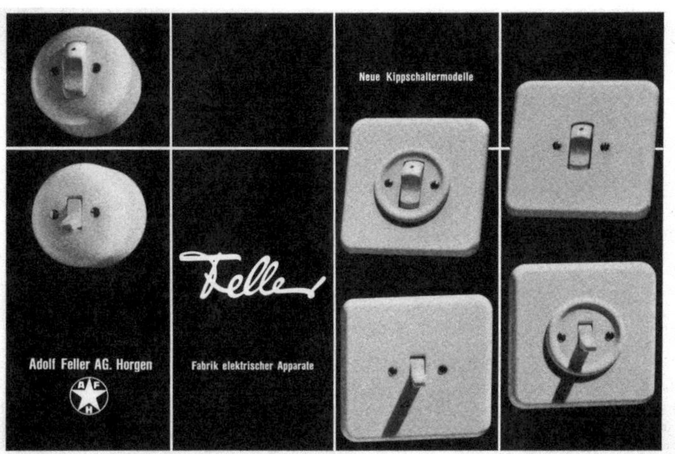

38 Publicité de l'entreprise Feller, conçue par Hans Neuburg, v. 1943

la bonne forme».[39] Pour chaque domaine, il faut trouver des solutions formellement correctes et adaptées au matériau et réunir celles-ci sous une même idée de base. Seule l'architecture bénéficie d'un statut supérieur, car elle est considérée comme la mère de tous les arts. Cette conception implique une «fusion de tous les arts», l'art devant par exemple se mêler à l'architecture.

Avec ses formes évoquant des cristaux, une sculpture en granit d'Aeschbacher montre ainsi que la géométrie et des «formes et des surfaces austères» peuvent elles aussi créer des «formes élégantes et esthétiques», rappelle un texte du *Fellerstern.* Telle est précisément la raison pour laquelle l'art et la technique seraient étroitement liés: «Dans notre entreprise, nous devons toujours trouver la beauté de la technique pour nos produits [...]. Il nous sera donc certainement aussi possible d'apprécier la beauté de l'art non figuratif, qui entend exprimer quelque chose avec des moyens apparemment très simples.»[40] «L'esprit de la bonne forme» ne considère donc plus l'art et la technique comme contradictoires, mais comme deux notions qui, à l'ère des machines et de l'industrie, se rejoignent pour former un seul et même tout.

«Des cerises ou des interrupteurs, du lait ou des prises»: boom de la construction et autoroute

Alors que culture et technique ne font plus qu'un, la nature perd du terrain. Pour la «Stotzweid», nom du site de l'usine Feller, le boom économique de l'après-guerre se traduit également par une lutte pour accéder à davantage de terrain. Après la guerre, la Suisse connaît en effet trente années de construction quasiment ininterrompues. L'électrification des foyers avance à grand pas. Les villes et localités se développent et les nouveaux ensembles d'habitation ont besoin de lumière et d'électricité, au même titre que les entreprises en plein boom. L'entreprise bénéficie

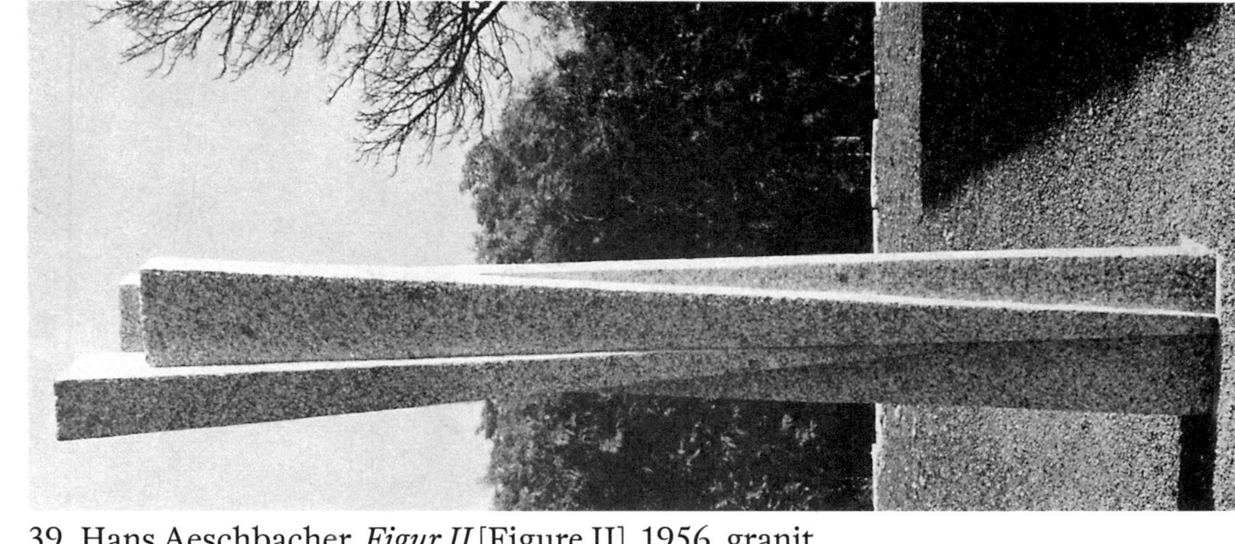

39 Hans Aeschbacher, *Figur II* [Figure II], 1956, granit

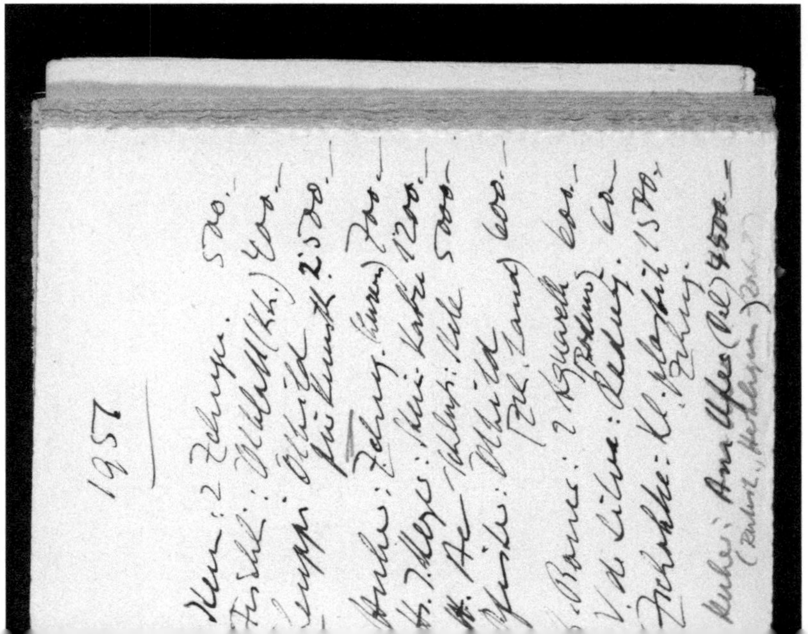

40 Carnet d'achats d'œuvres d'art d'Elisabeth Feller

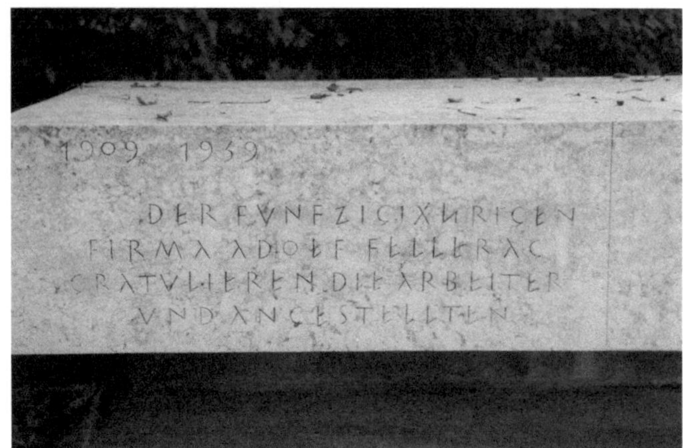
1909 1959
DER FÜNFZIGJÄHRIGEN
FIRMA ADOLF FELLER AG
GRATULIEREN DIE ARBEITER
UND ANGESTELLTEN

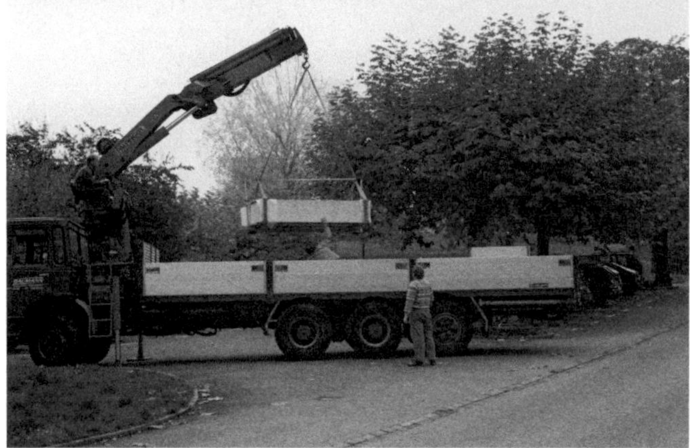

41
42

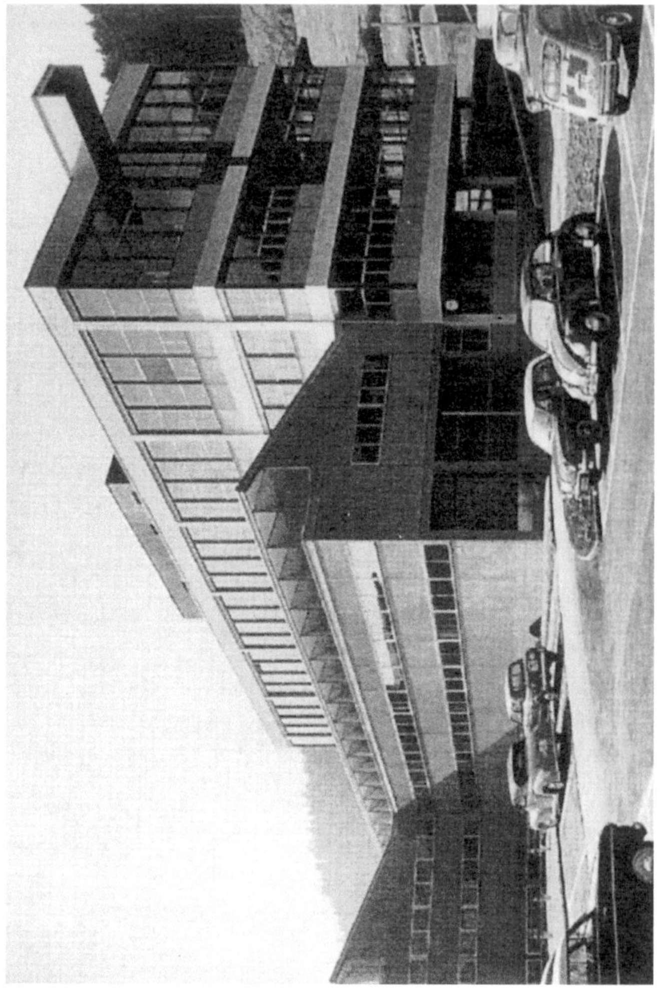

43

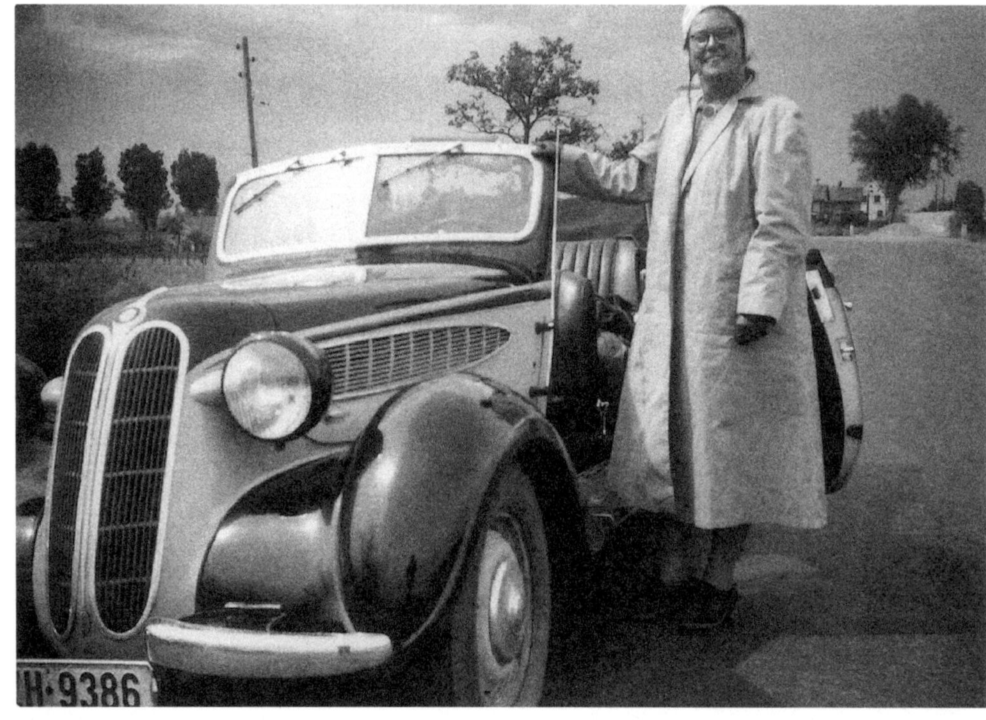
H·9386

44

d'une belle phase de croissance, d'autant plus que de nombreux produits fabriqués par Feller deviennent la norme applicable pour la Suisse.

Les usines de l'entreprise Feller s'agrandissent et les actionnaires continuent de consacrer des fonds à l'art et aux œuvres caritatives.[41] L'extension de l'usine se fait au détriment des prairies environnantes, là où les cerisiers portent les plus beaux fruits et la prairie le meilleur fourrage, comme l'architecte Fischli s'en souvient: «Visages échauffés et longs discours au conseil d'administration! Des cerises ou des interrupteurs, du lait ou des prises: telle était la question.» Les interrupteurs et les prises l'emportent et l'élève du Bauhaus poursuit la construction dans le style de la Nouvelle Objectivité: des bâtiments, qui ne «prétendent pas être davantage que ce à quoi ils servent» et qui présentent sobrement le «sens et le contenu» de l'entreprise.[42]

Le début des années 1960 est également marqué par les travaux préparatoires à la construction de l'autoroute N3 non loin de l'entreprise. Cette autoroute est elle aussi synonyme de rationalité fonctionnelle et d'esthétique technophile «issue de la fonction et fonction elle-même» – tandis que le conseiller fédéral Philipp Etter, utilisant une métaphore très agricole, qualifie la construction du réseau d'autoroutes de «bataille des champs de l'après-guerre».[43]

Si «Mademoiselle Feller» apprécie les voitures et prend volontiers le volant, y compris sur l'autoroute, alors que la famille dispose d'un chauffeur, le personnel de Feller se montre plus sceptique à l'égard de l'ère des machines.[44] On trouve ce poème dans le *Fellerstern*: «Bekanntlich steht die Feller AG / mit der Vorderfront zum Zürichsee; [...] Doch von der Rückseite lasst mich heut' berichten, / was man dort erlebt, an kleinen Geschichten: [...] Doch bald ist vorbei die Herrlichkeit, / es naht die Technik, das Zeichen der Zeit... [...] Ade, du Vogelgezwitscher und Bienengesumm, / du weichst jetzt leider dem Autogebrumm.» (Comme on le sait la façade de l'entreprise Feller donne sur le lac de Zurich. Mais parlons à présent de l'envers du décor,

41 Hans Fischli, *Brunnen* [Fontaine], 1959, marbre. Cadeau offert par le personnel de Feller pour le jubilé des 50 ans de l'entreprise, 1995

42 Déplacement de la *Brunnen* [Fontaine] de Hans Fischli, 1995

43 Vue depuis le parking de l'entreprise sur le site Feller, sans date

44 Elisabeth Feller avec sa BMW, sans date

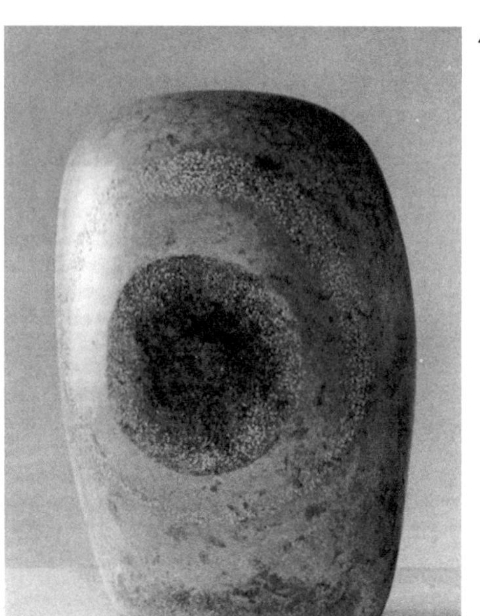

45

46

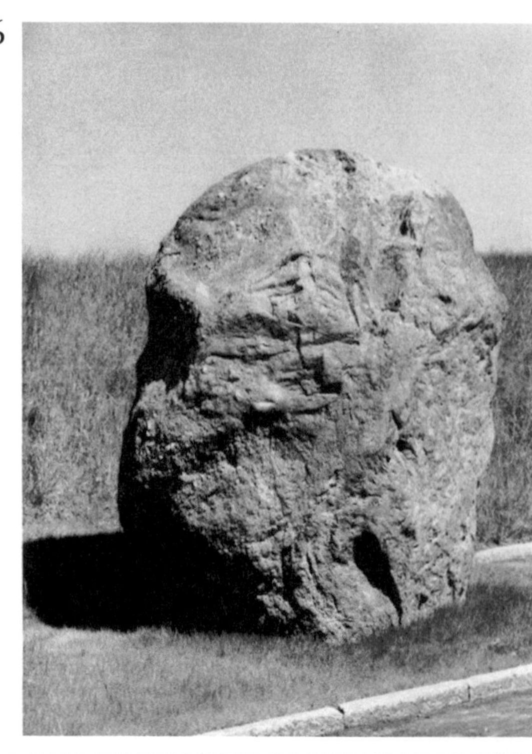

S 023 Rune, Granit, partiell gestockt, poliert, geschliffen, 50 x 35 x 22 cm, SIK.Nr. 55'976

55'976

47

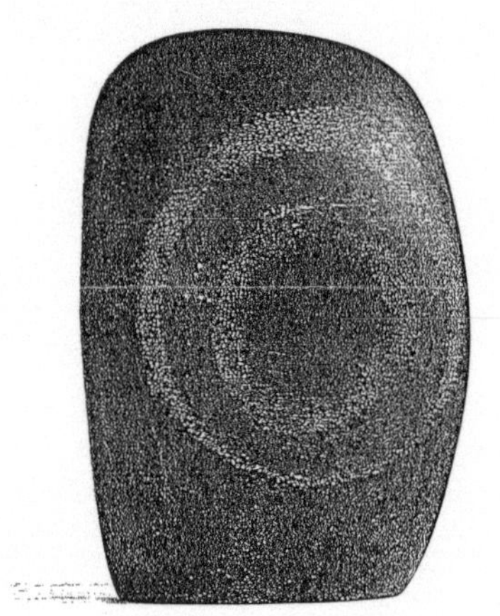

48

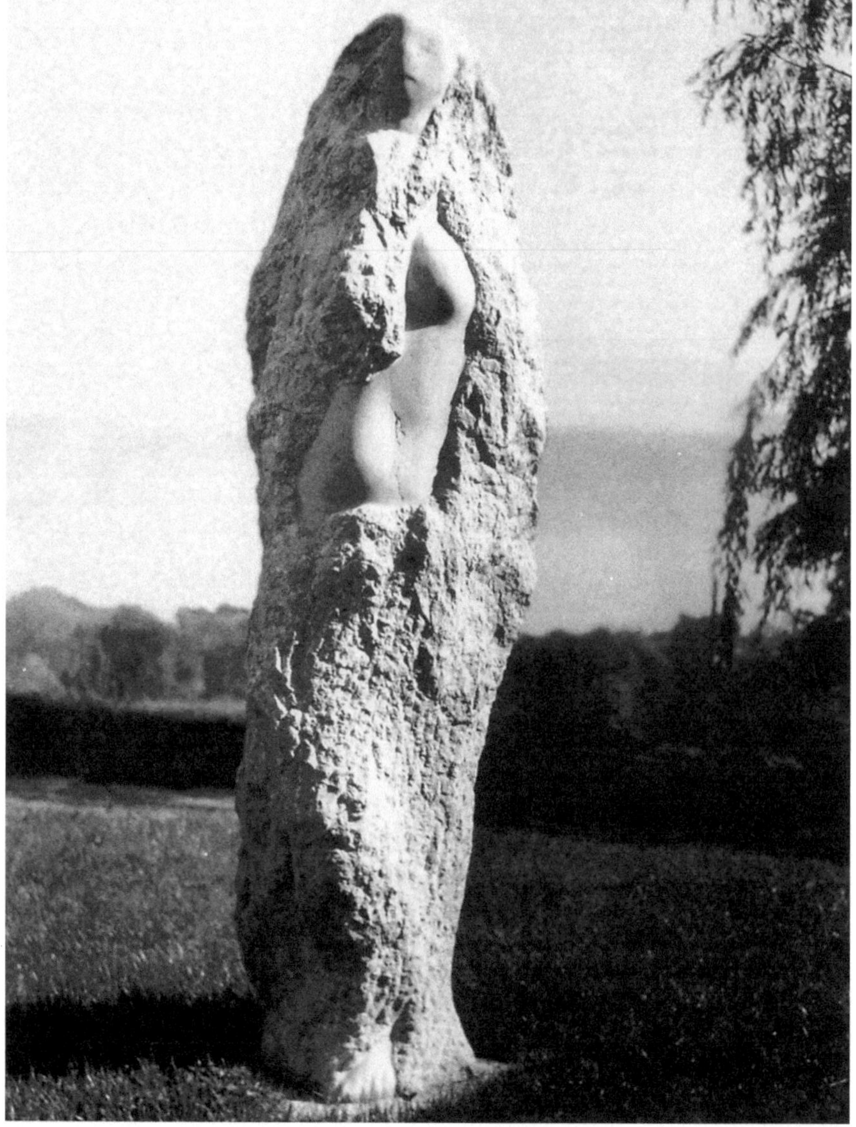

de ce qu'on y vit, des petites histoires. Bientôt la splendeur sera passée, par la technique, signe des temps, remplacée. Adieu, bourdonnement des abeilles et chant des oiseaux. Las, ceux-ci cèdent la place au grondement des autos.)[45]

Pierres et délimitations extérieures

Les nombreux travaux réalisés dans les années 1960 permettent des découvertes intéressantes. Lors du déblayage du terrain environnant pour laisser la place au nouveau bâtiment de presse, un bloc erratique rouge émerge d'un champ. Telle une borne frontière marquant les nouvelles limites extérieures de l'usine, ce colosse de 9 000 kilos est placé sur le parking, « sur les terres de Feller, mais à l'extérieur du site de production ». Pour Fischli, dans le *Fellerstern,* quand bien même cette roche rouge n'est pas une œuvre d'art, elle captive et fascine. Création de la nature, cette roche représente quelque chose de couché, empilé, compressé. Fischli prend cette trouvaille comme prétexte pour se lancer dans un voyage à travers le paysage minéral de Feller. Il tombe rapidement sur une autre pièce, la sculpture en marbre provençal de Hans Aeschbacher intitulée *Obelisk* (1948), que les ouvrières et les ouvriers tout comme les employé-e-s voient sitôt arrivés « sur [leur] lieu de travail quotidien ». Mi-roche et mi-figure de femme, c'est précisément cette sculpture qui est présentée en 1958 à la Saffa, l'exposition suisse consacrée au travail des femmes, co-organisée à Zurich par Elisabeth Feller.

Après la roche rouge et l'obélisque, Fischli poursuit son relevé topographique, géologique et artistique en se rendant dans la salle à manger du « Höckli », où se trouve la tête de jeune fille d'Aeschbacher, dont nous avons déjà parlé. À la différence de l'obélisque et de la roche rouge, cette sculpture représente pour Fischli quelque chose de fini, de figé, la métamorphose d'un modèle naturel. Aux antipodes de l'œuvre d'Aeschbacher en granit de Göschenen, installée devant le « Höckli », qui a abandonné toute volonté

45 Hans Fischli, *Sonne* [Soleil] ou *Rune* [Rune], 1958, granit

46 Bloc de pierre de champ rouge sur le site Feller

47 Fax présentant *Sonne* [Soleil] ou *Rune* [Rune] pour l'exposition non réalisée de Hans Fischli au Bauhaus Dessau, 1993

48 Hans Aeschbacher, *Obelisk* [Obélisque], 1948, marbre de Provence

figurative. «Ces pierres se dressent devant vous comme les étapes d'un chemin», écrit Fischli, pour qui ce chemin mène d'une nature brute à l'abstrait.[46] Mais Fischli poursuit encore sa progression vers d'autres pierres, maintenant signées de sa propre main: une fontaine, trois pierres et un morceau de roche rouge-brun à couche complexe provenant du village de Collombey, avec une cavité polie en forme de bouche en son centre. Selon le sculpteur, ces pierres «n'imitent rien, ne simulent rien, elles sont». Il leur souhaite d'être aussi «vraies» «que la pierre de l'autre côté», la roche rouge, «qui n'a nullement besoin de se justifier».[47] Ainsi, c'est non seulement le terrain de Feller qui est exploré et arpenté, mais aussi la frontière subtile entre la nature et son image, et la découverte de nouvelles formes «vraies».

Ces pierres constituent par ailleurs des délimitations internes entre les bureaux, l'usine, la maison de bienfaisance, le parking et l'extérieur. Un poème anonyme consacré à l'obélisque et intitulé «Souvenirs d'une inconnue» peut être interprété comme une réponse à la tentative de Fischli de transmettre l'art: «Ich steh in finstrer Mitternacht, so einsam vor dem Höckli Wacht [...]. Ich denk an all die Männer, Frauen, die mich beständig so beschauen, die einen scharf mich kritisierend, die andern mich einfach ignorierend. Verstehen die auch einen Dunst von der in mir versteckten Kunst? [...]»[48] (Dans la nuit noire, je monte la garde, si seule devant le «Höckli». [...]. Je pense à toutes ces femmes et tous ces hommes qui me regardent constamment, les uns me critiquant sévèrement, les autres m'ignorant tout simplement. Comprennent-ils ne serait-ce qu'un peu l'art caché en moi?)

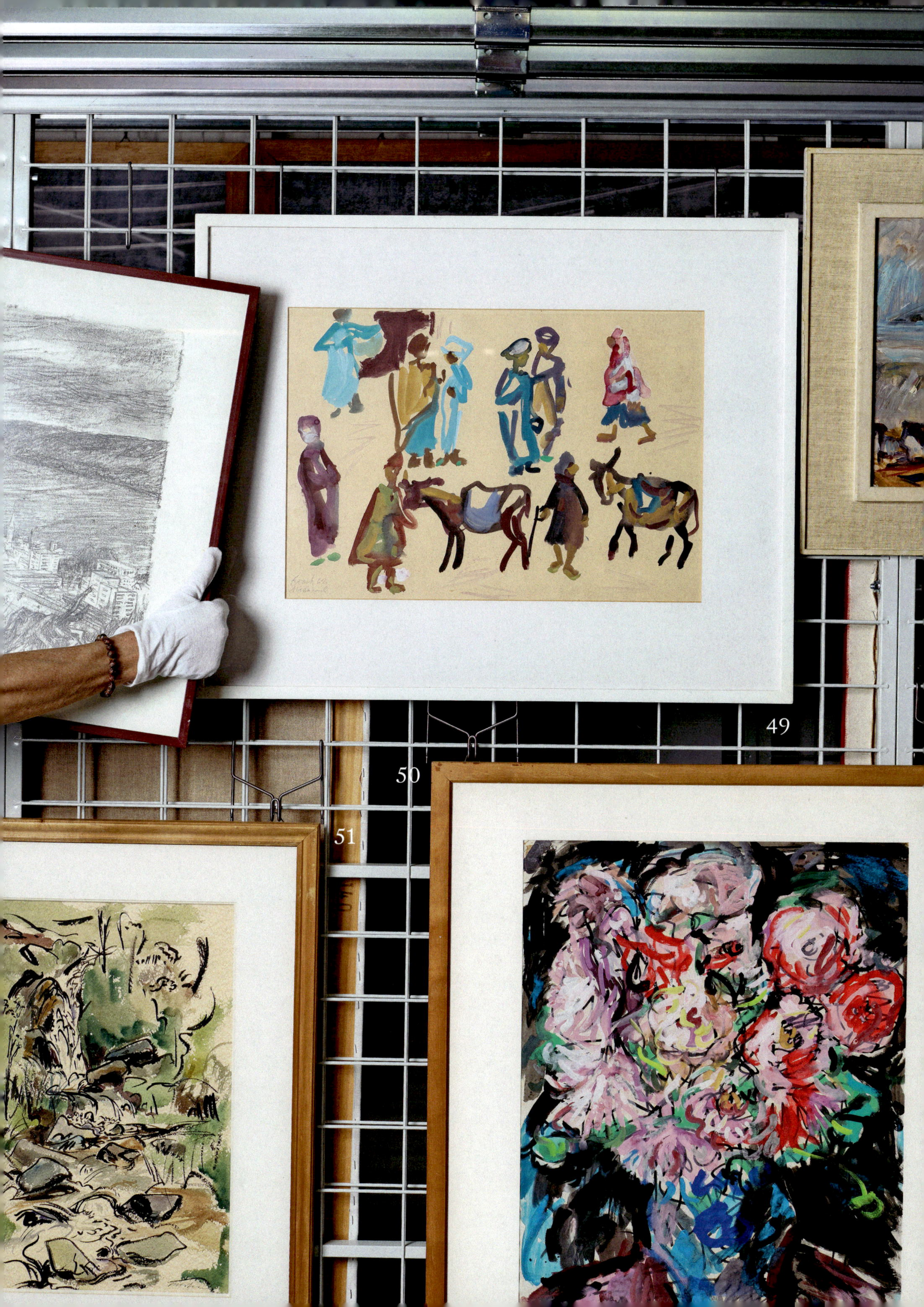
49
50
51

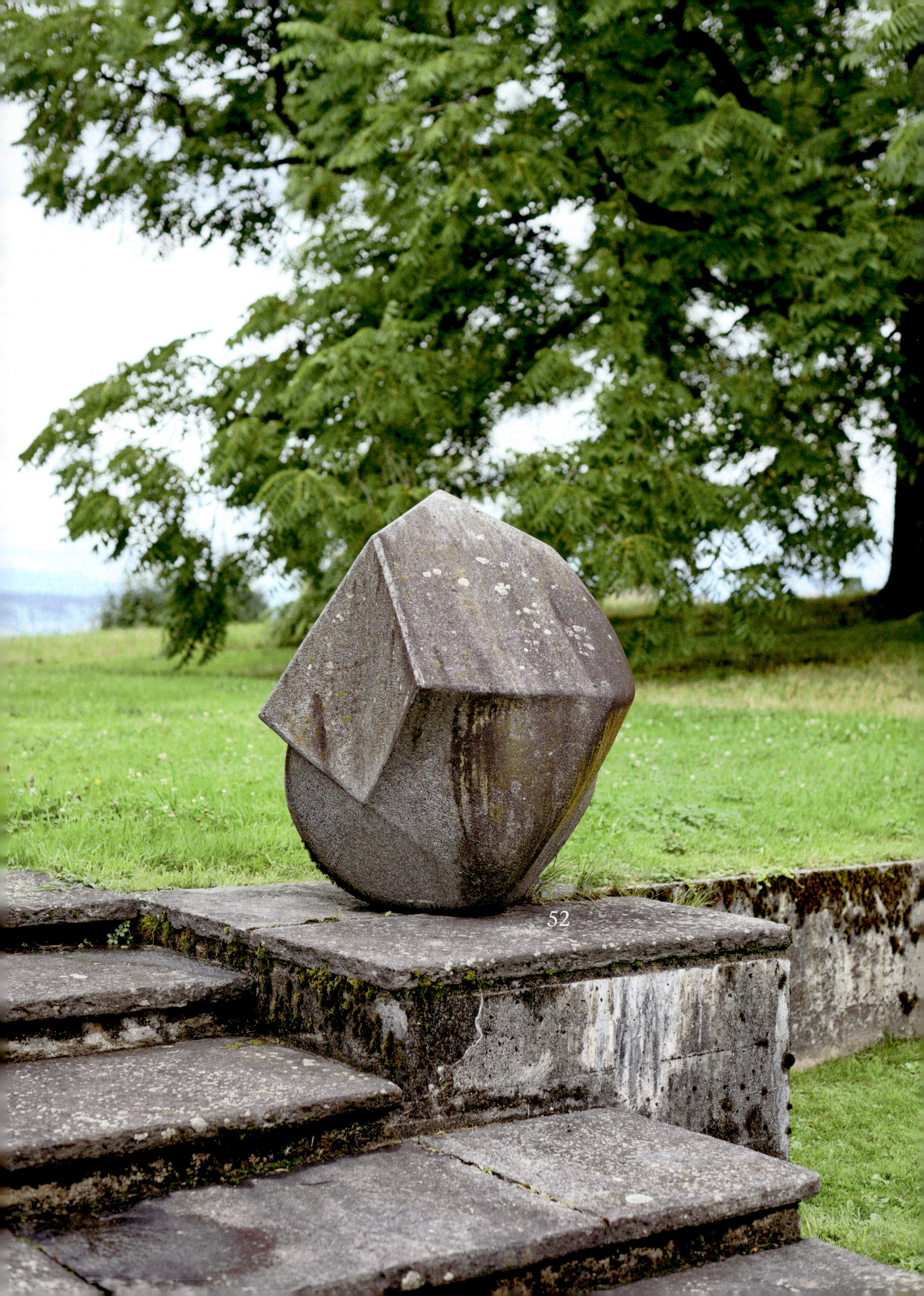

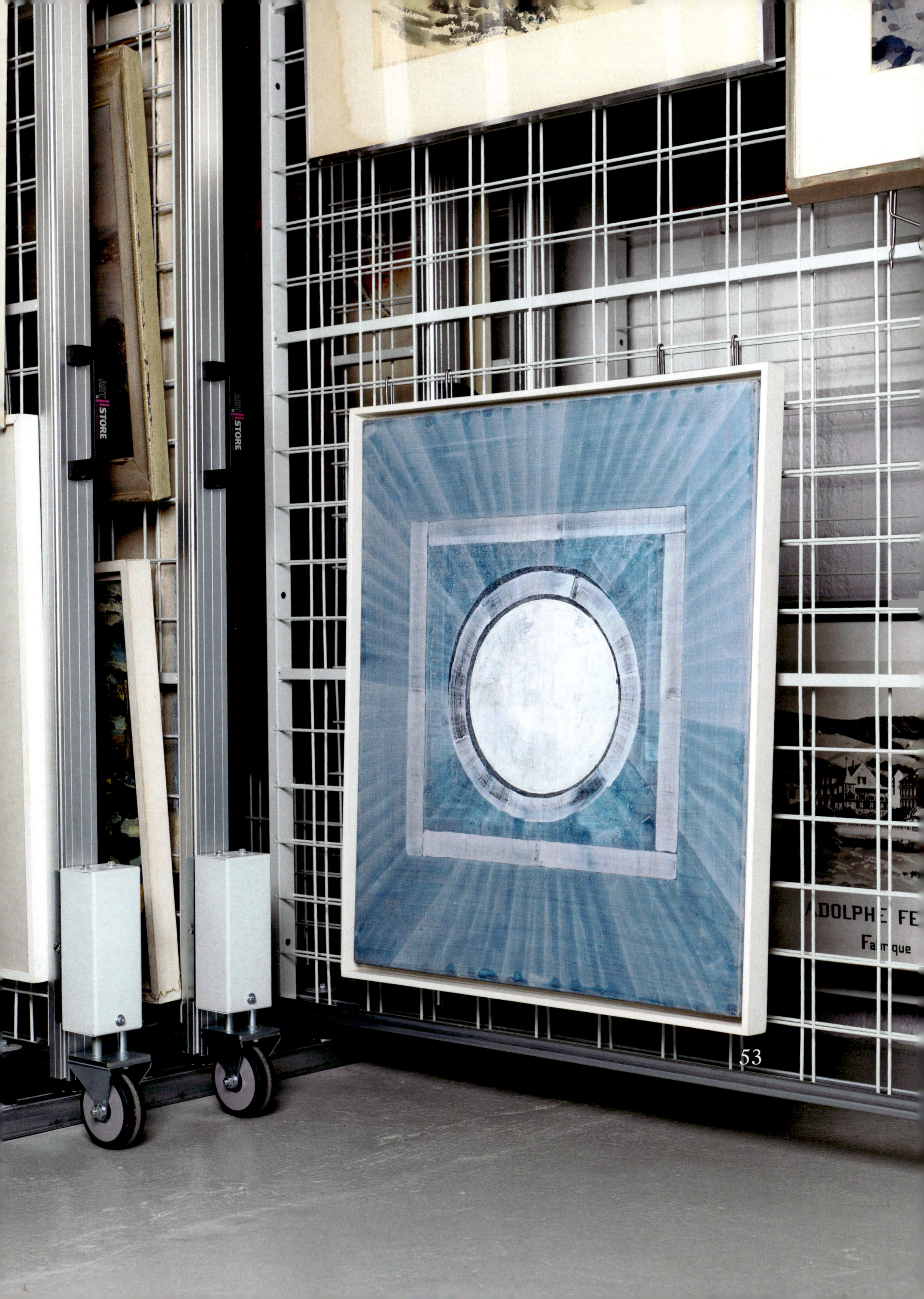

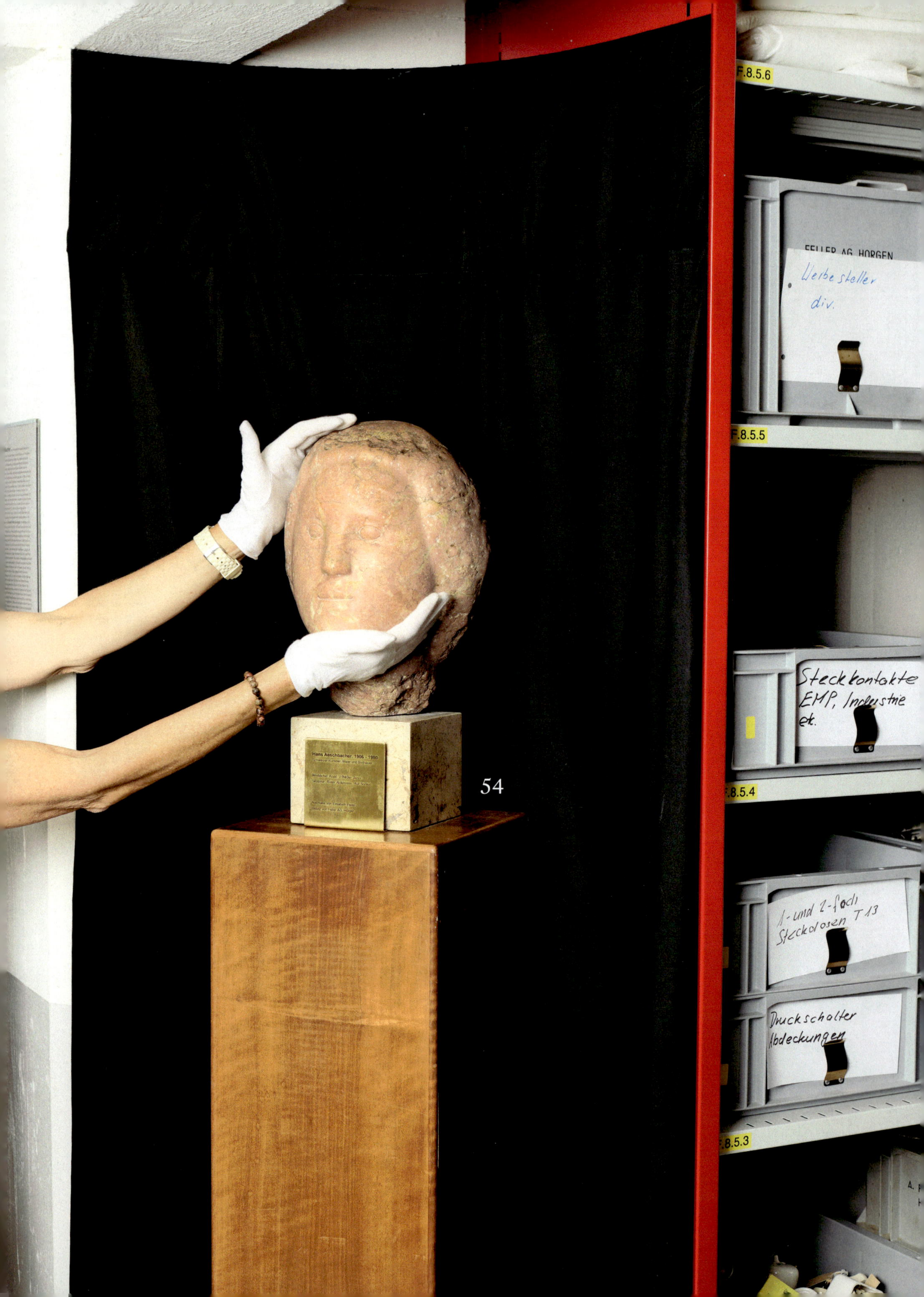
F.8.5.6
FELLER AG HORGEN
Werbesteller
div.
F.8.5.5
Hans Aeschbacher, 1906 - 1980
Steckkontakte
EMP, Industrie
etc.
F.8.5.4
1- und 2-fach
Steckdosen T13
Druckschalter
Abdeckungen
F.8.5.3

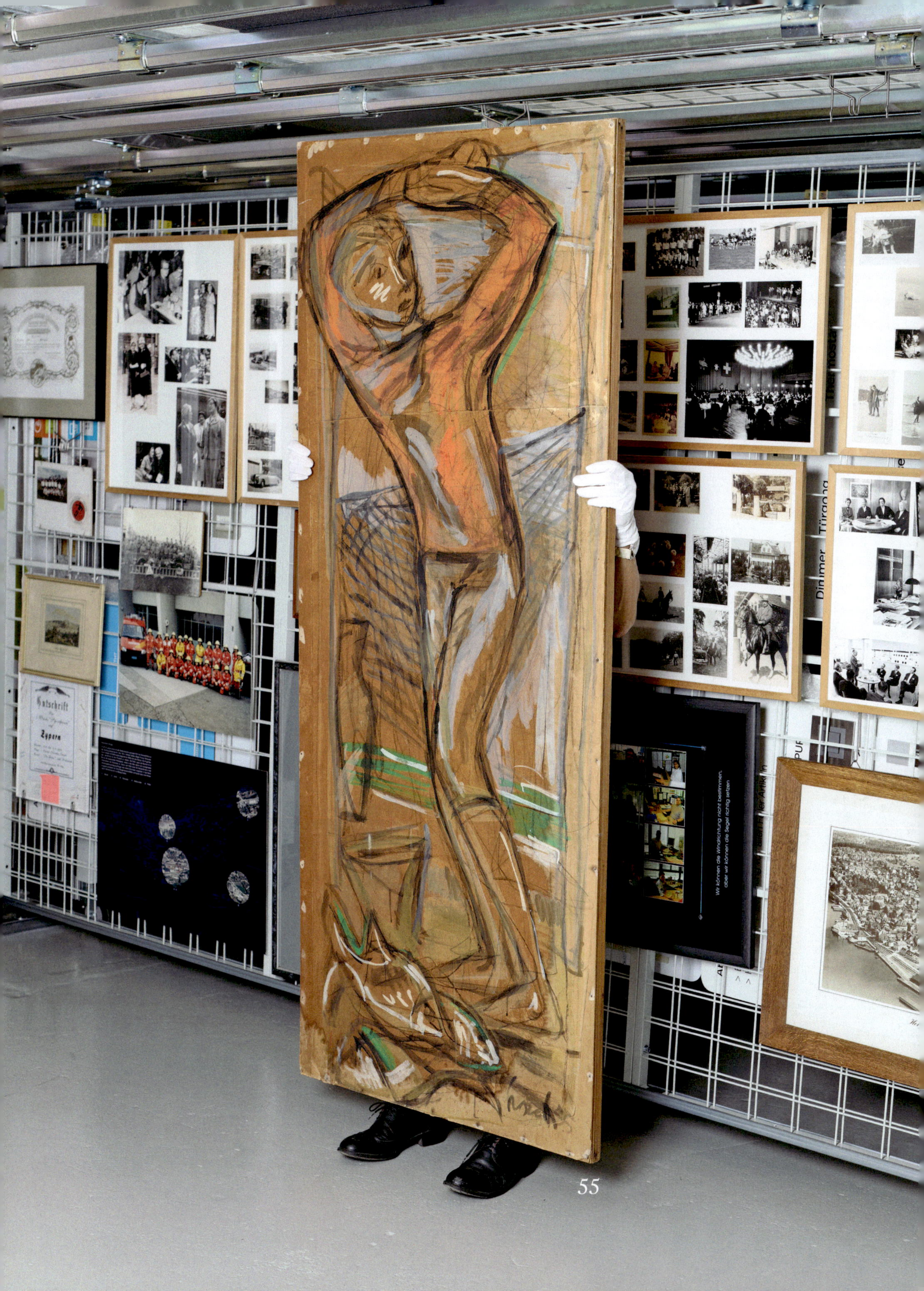
Gutschrift
Zypern
Wir können die Windrichtung nicht bestimmen,
aber wir können die Segel richtig setzen

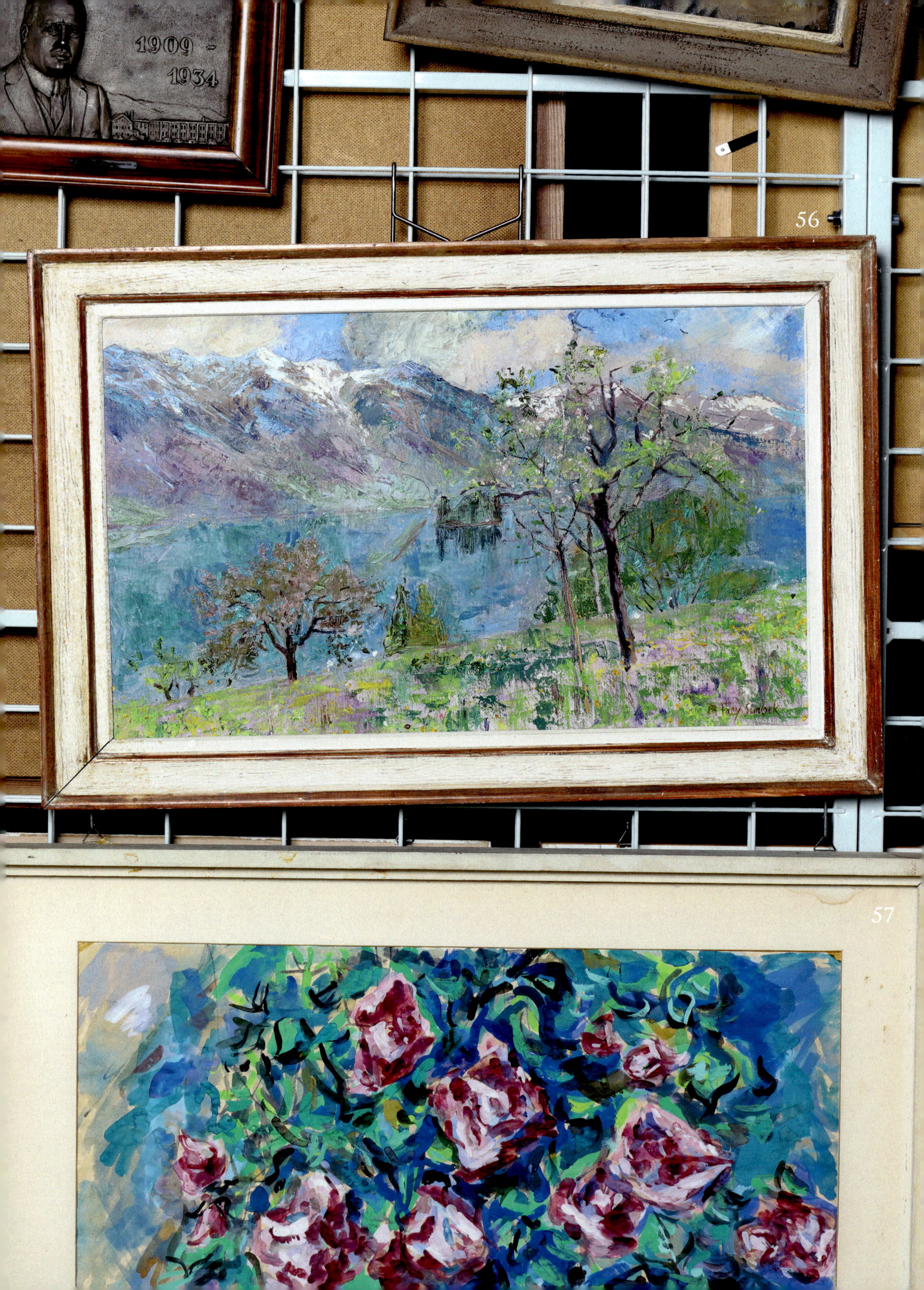

1909 -
1934

56

57

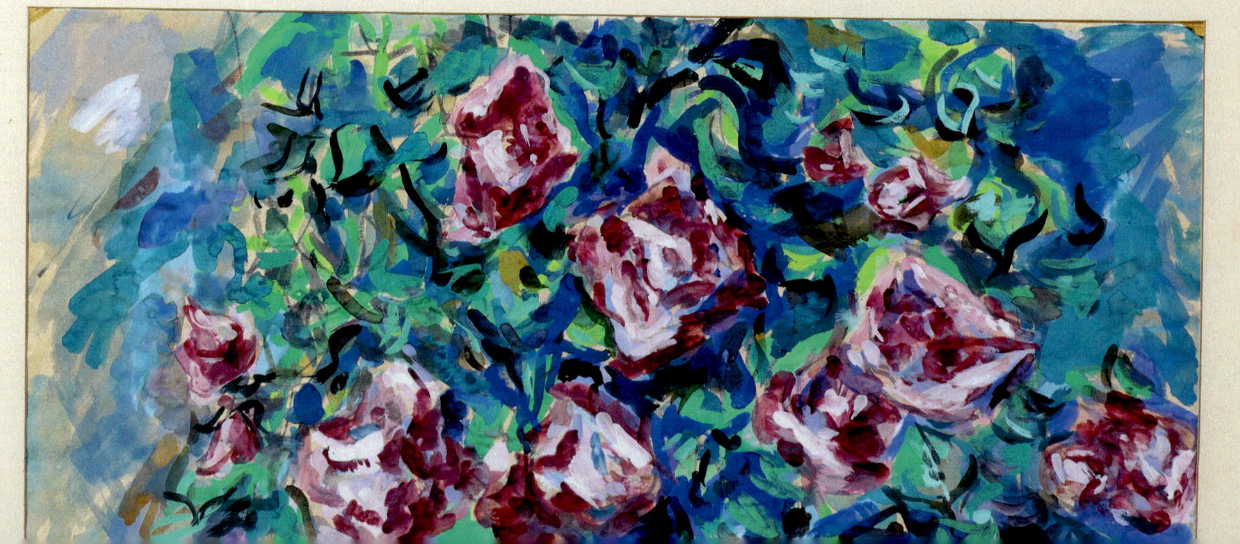

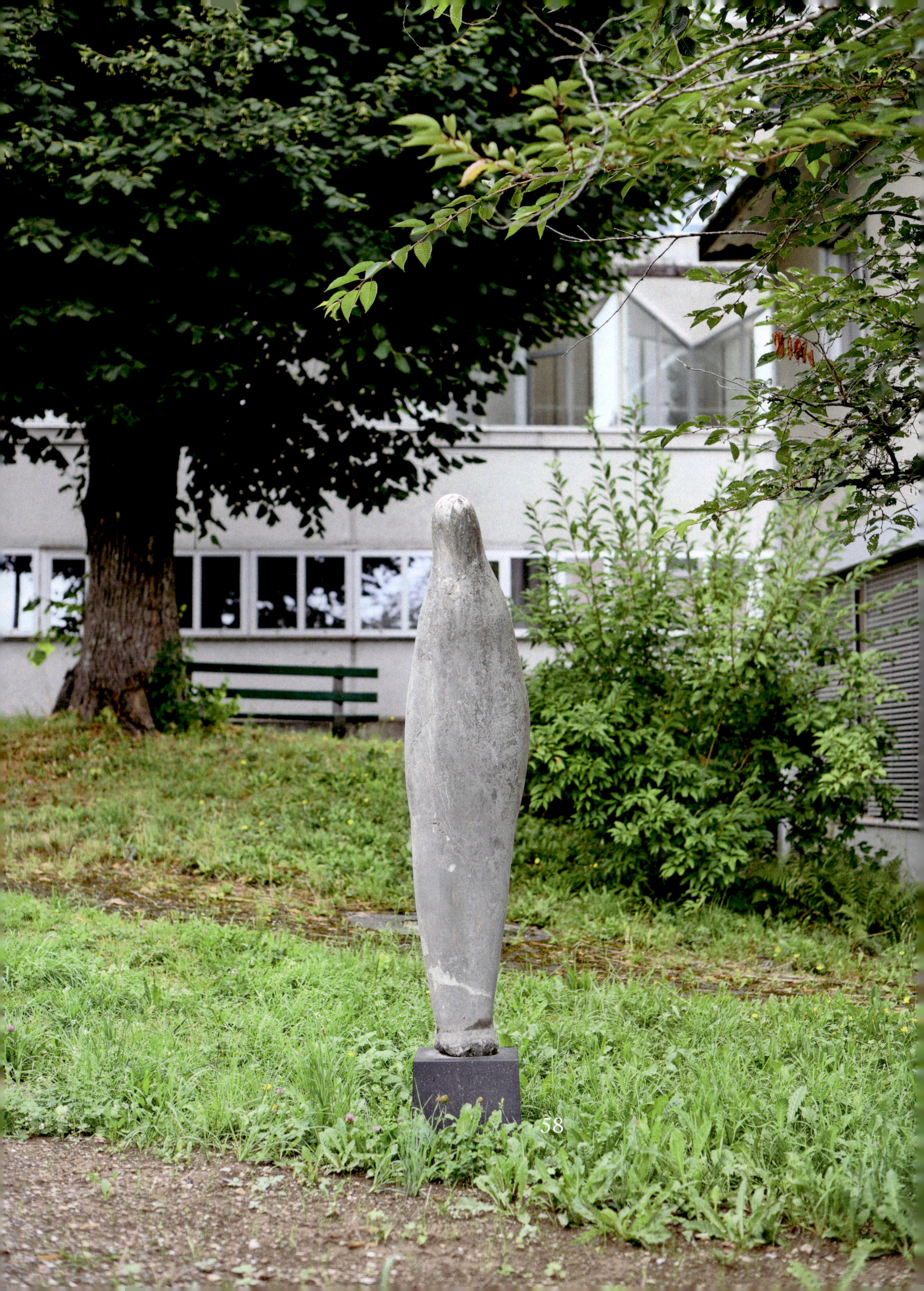

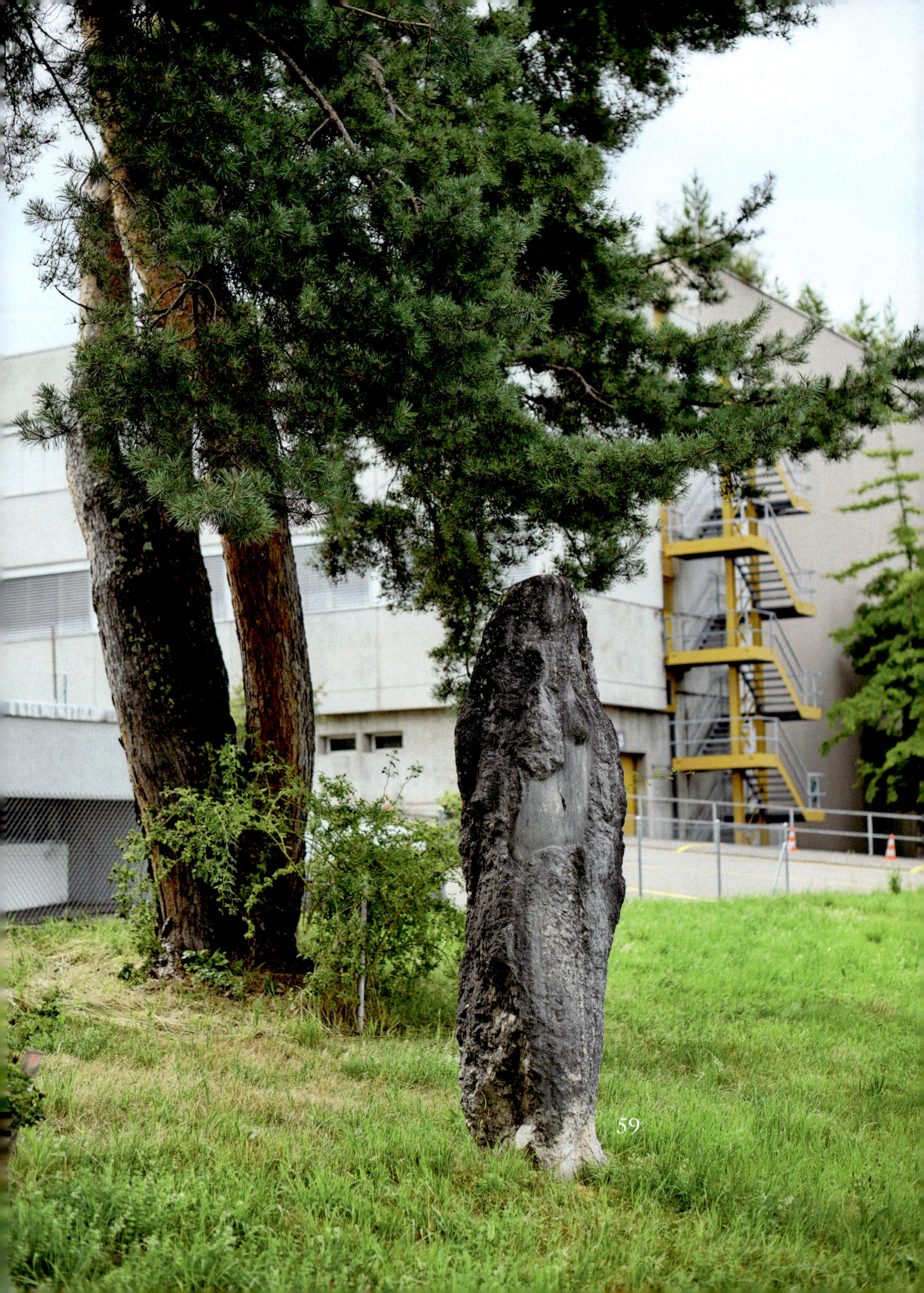

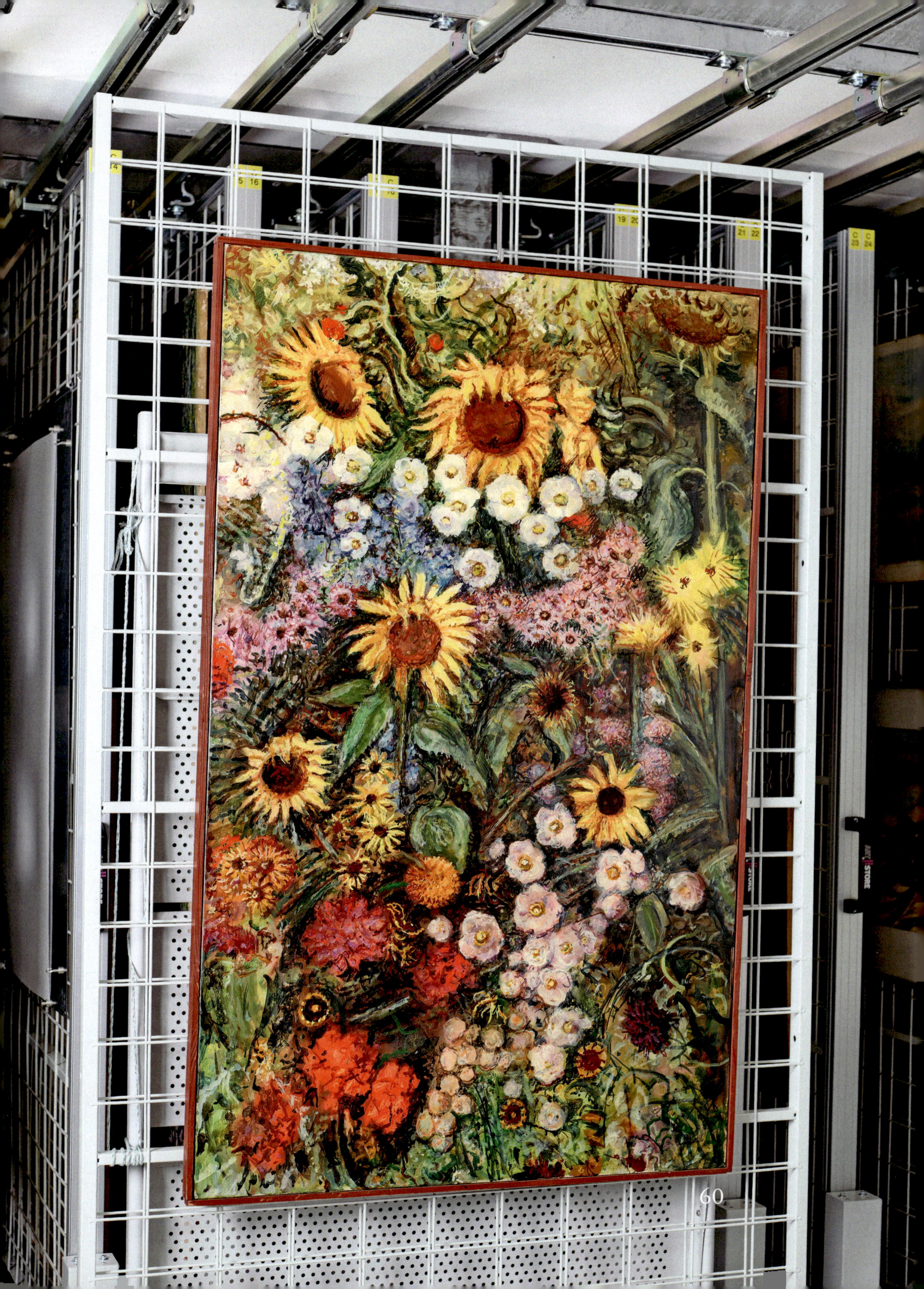

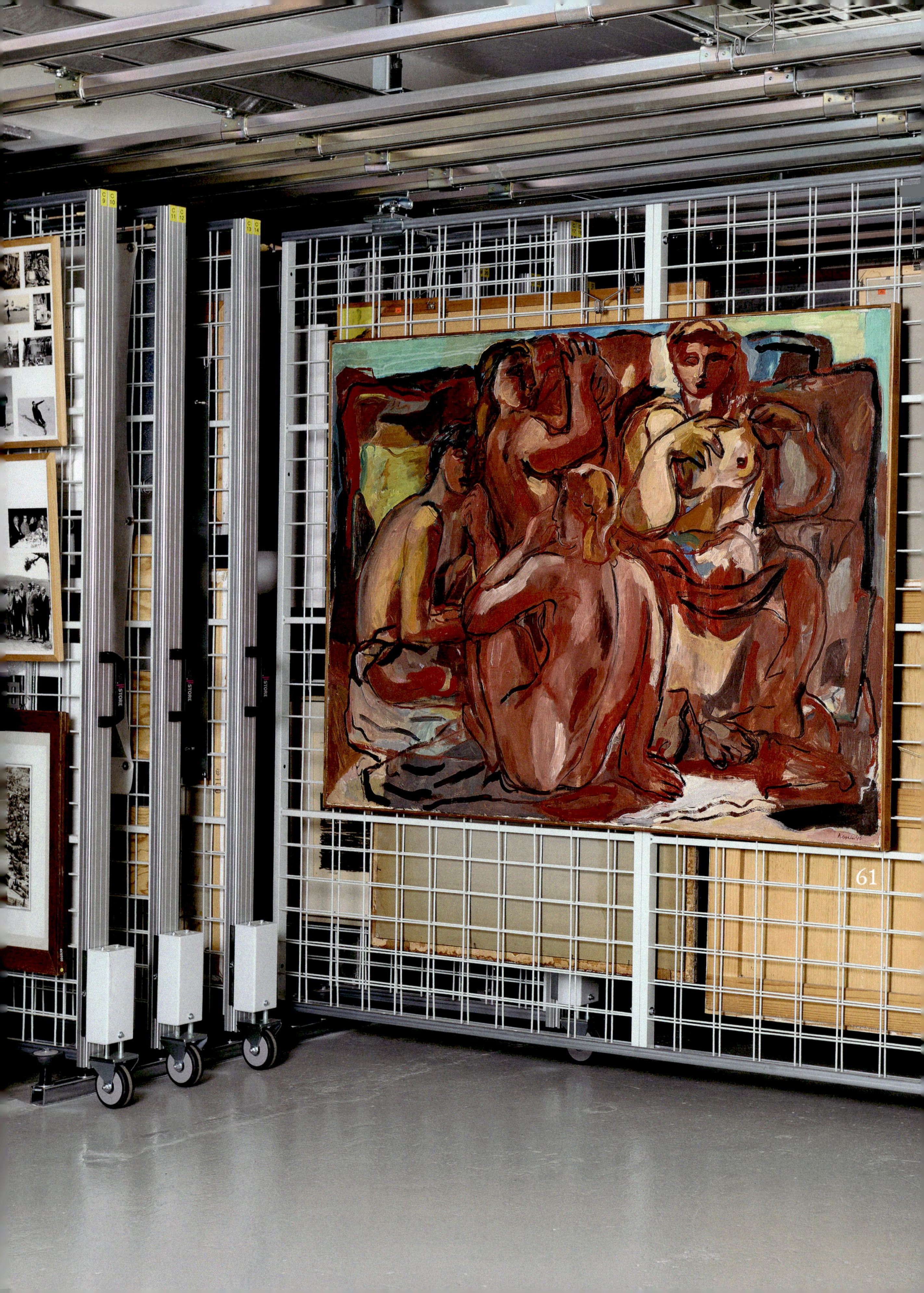

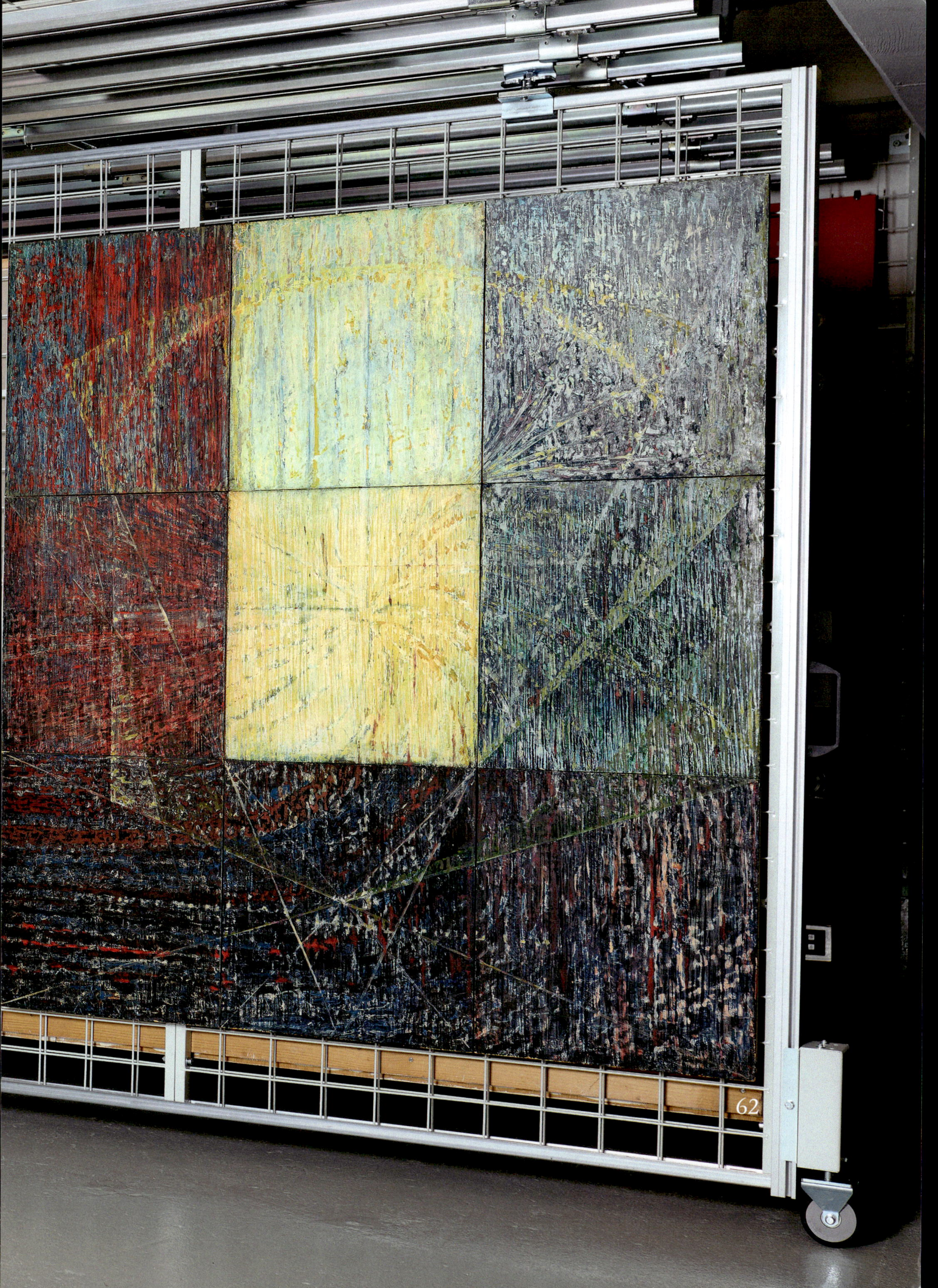

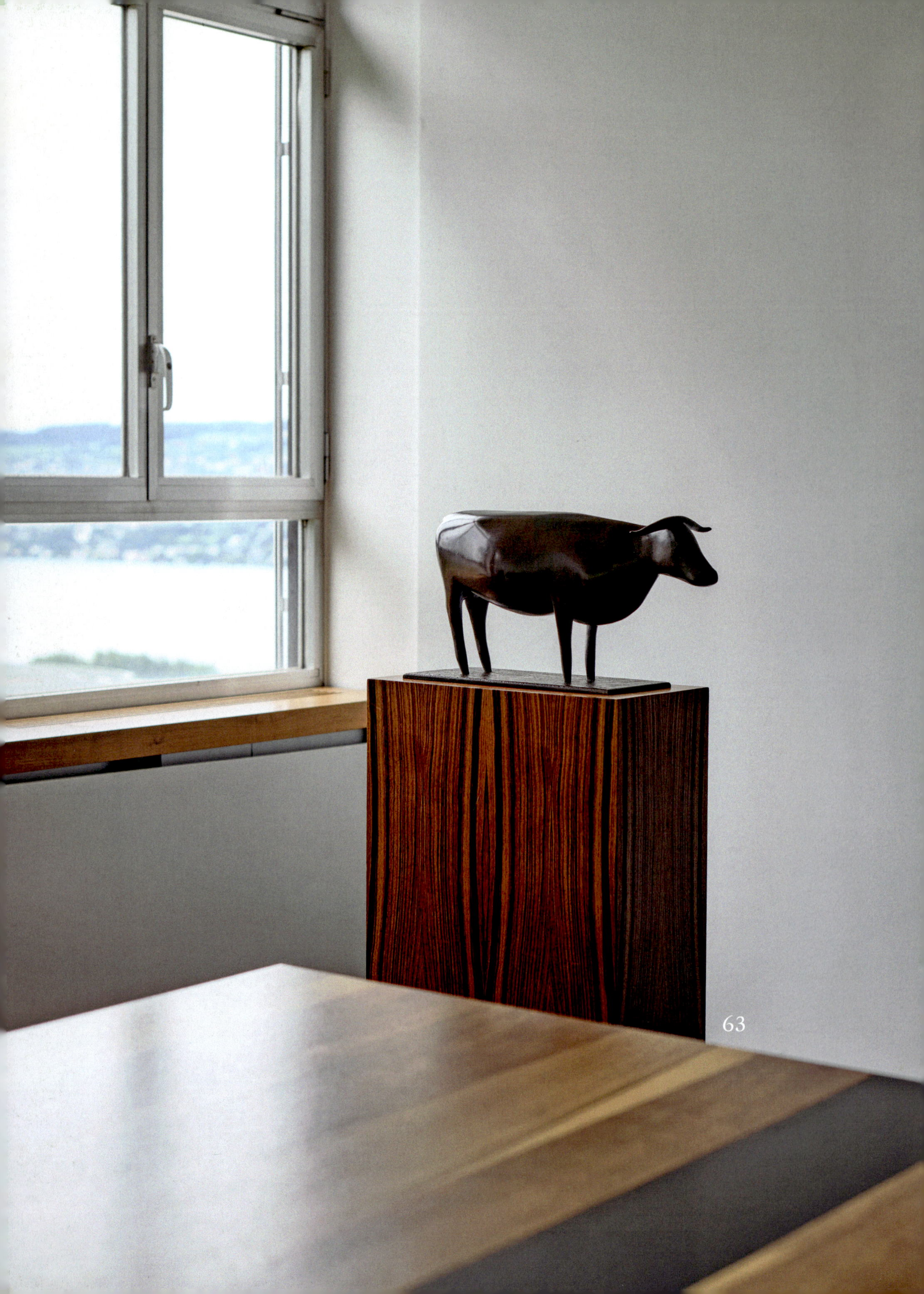

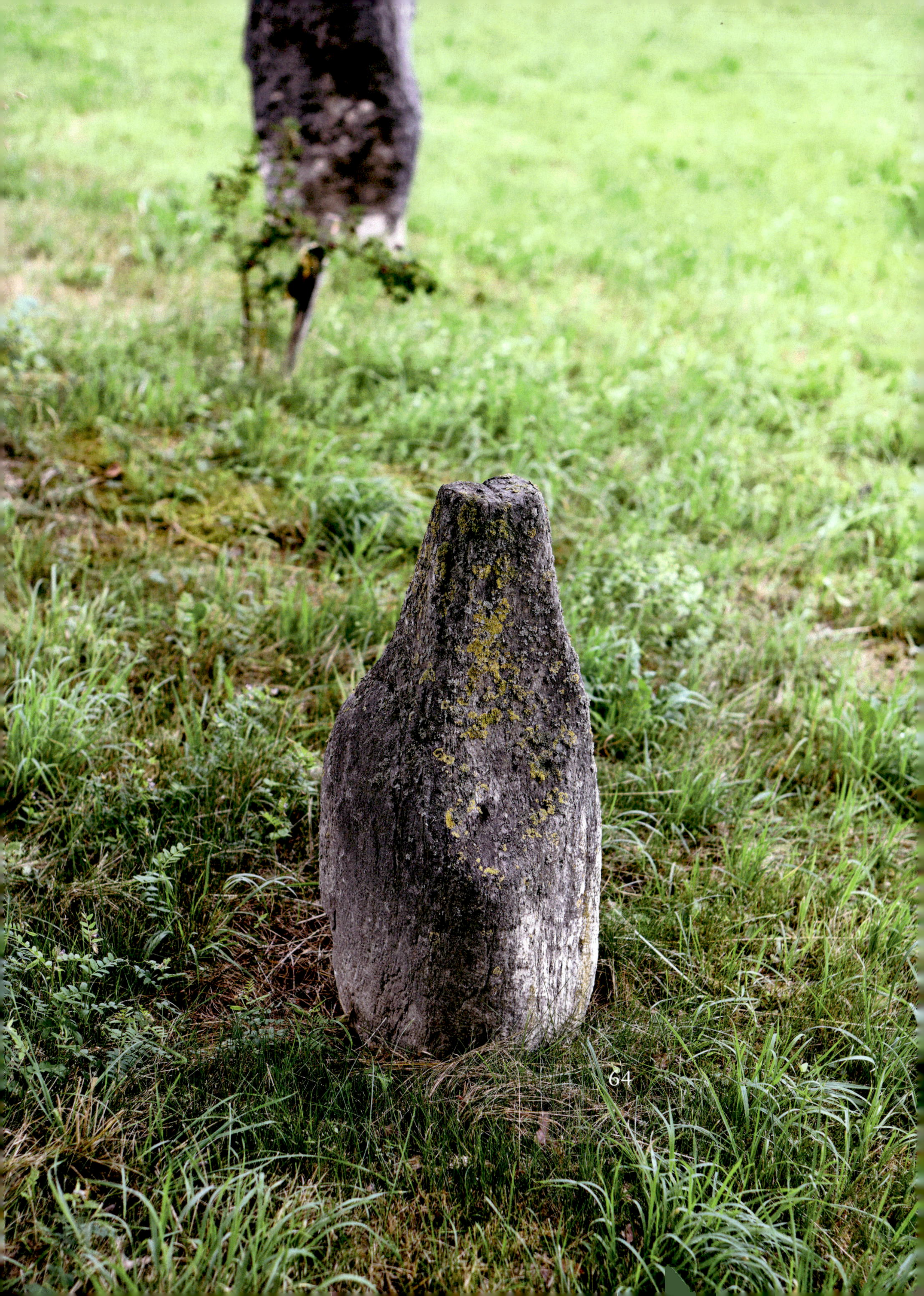

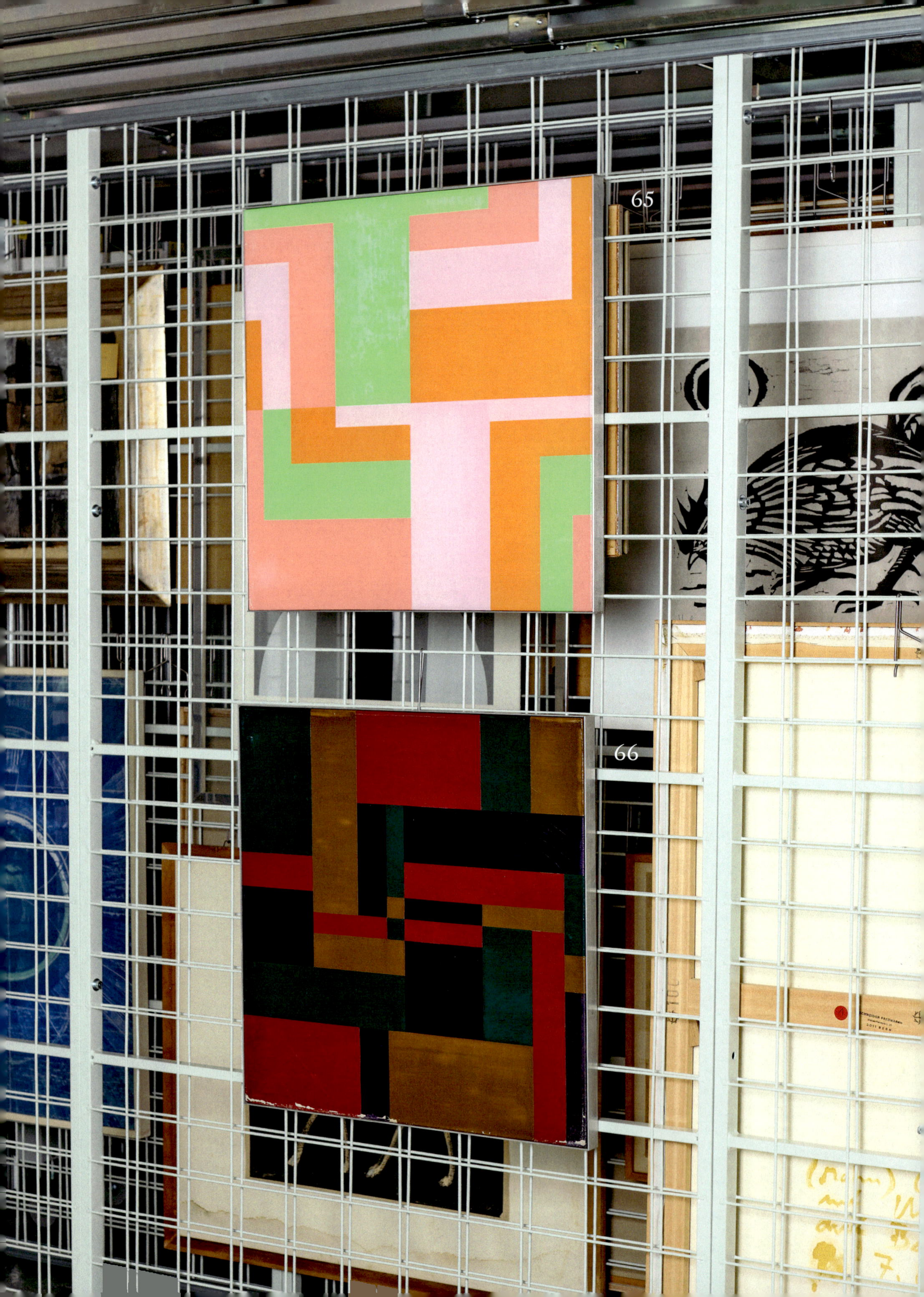
65
66

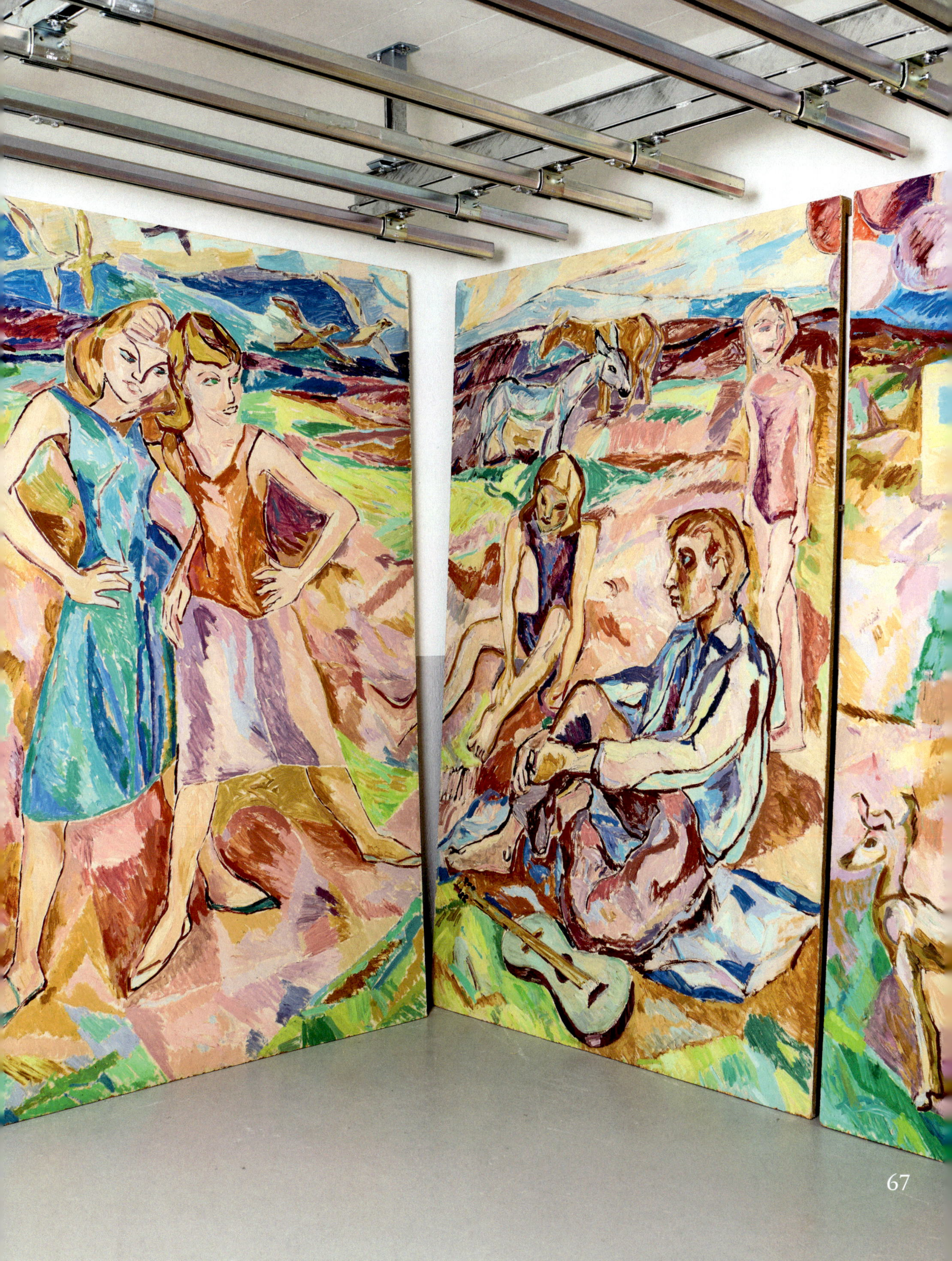

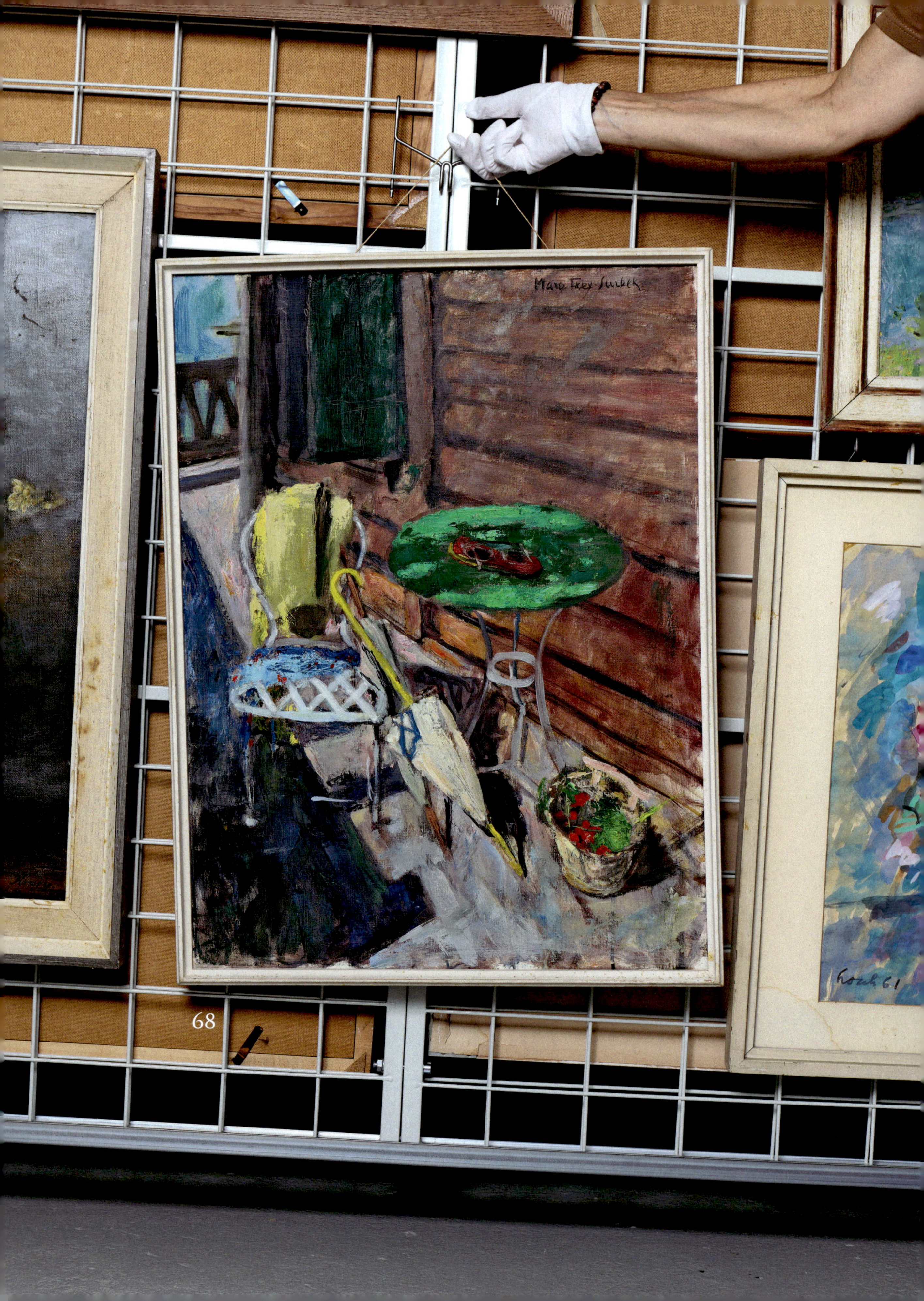
Marg. Frey-Surbek

49 Karl Hosch, *Marrakesch* [Marrakech], 1962, gouache sur papier

50 Karl Hosch, *Blumen in Vase* [Fleurs dans un vase], 1961, gouache sur papier

51 Inconnu, [Ruisseau, forêt], sans date, aquarelle sur papier

52 Hans Fischli, *Hausstein* [Pierre de maison], 1963–64, cyanite

53 Hans Fischli, *Kreis im Quadrat, Hell* [Cercle dans le carré, clair], 1969, acrylique sur toile

54 Hans Aeschbacher, *Weiblicher Kopf* [Tête féminine], 1952, pierre de champ rouge

55 Karl Hosch, *Knabe* [Le garçonnet], 1955, gouache sur papier sur un panneau dur

56 Marguerite Frey-Surbek, *Mai am Brienzersee, Schnee auf den Bergen, Blühende Bäumchen, Insel* [Mai au lac de Brienz, neige sur les montagnes, arbres en fleurs, île], v. 1957, huile sur toile

57 Karl Hosch, *St. Maria di Castello,* 1961, gouache sur papier

58 Hans Aeschbacher, *Weibliches Idol* [Idole féminine], 1949, marbre provençal

59 Hans Aeschbacher, *Obelisk* [Obélisque], 1948, marbre de Venise

60 Hermann Huber, *Blumenstück* [Pièce florale], 1956, huile sur toile

61 Karl Hosch, *Badende* [La baigneuse], 1946, huile sur toile

62 Hans Fischli, *Fenster mit gelber Mitte* [Fenêtre au centre jaune], 1952, huile sur bois

63 Inconnu (attribué à Ewald Mataré), sans date, bronze

64 Hans Fischli, *Chinolata* [Chinolata] ou *Krug* [Cruche], sans date, calcaire italien

65 Carlo Vivarelli, *Reversierte Skala in vier Vierergruppen* [Échelle inversée en quatre groupes de quatre], 1968–69, peinture polymère synthétique sur écran

66 Carlo Vivarelli, *1–4 zu 1 aus Doppelkern* [1 à 4 sur 1 à partir d'un double noyau], 1966–67, peinture polymère synthétique sur écran

67 Karl Hosch, *Il sabato – der Samstag* [Il sabato – le samedi], 1963, huile sur panneau de particules

68 Marguerite Frey-Surbek, *Laube, grüner Tisch, Sonnenschirm, Stilleben auf der Laube* [Tonnelle, table verte, parasol, nature morte sur la tonnelle], 1969, huile sur toile

69 Carnet d’achats d’œuvres d’art d’Elisabeth Feller

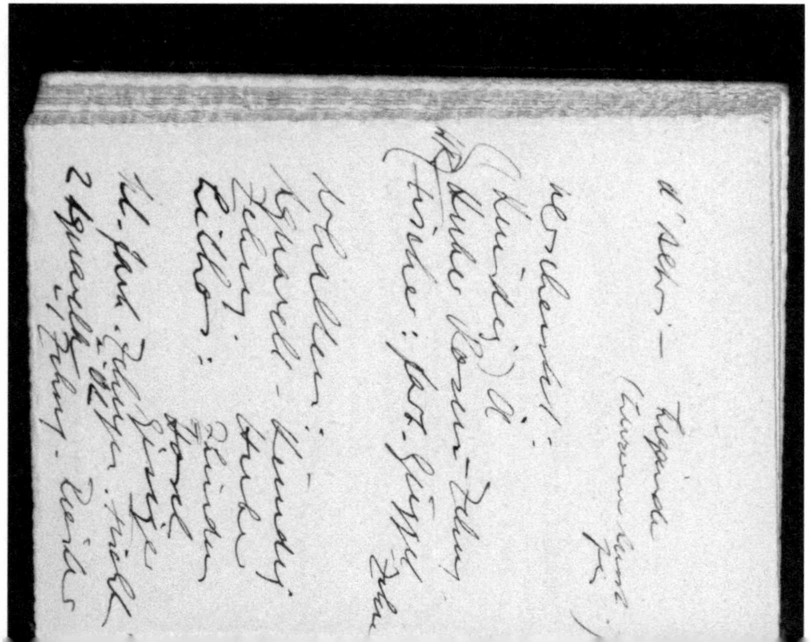

Partie II

« DIEU SCULPTEUR, FRAPPE, JE SUIS TA PIERRE ! »

Religion, temps passé à l'usine et temps libre

À partir du milieu des années 1950, les centres d'intérêt d'Elisabeth Feller commencent à changer. Lorsque la commune de Horgen accueille un nouveau pasteur en la personne de Walter Rüegg, une amitié étroite se développe entre eux et prend lentement la place de celle entretenue avec Fischli, qui se marie pour la deuxième fois.[49] Par l'intermédiaire du pasteur, Elisabeth Feller se lie également d'amitié avec le peintre Karl Hosch, auquel ils rendent souvent visite ensemble.[50] « L'art et la théologie vont de pair pour moi en ce moment », commente-t-elle à propos de ce changement.[51] Bien sûr, elle s'est déjà tournée auparavant vers le « Dieu sculpteur », mais son intérêt pour la religion gagne alors en intensité.[52]

À ce moment-là, elle mène plusieurs activités de front : « Construction et arts appliqués, Sicile et salles d'étude, technique et art », note-t-elle.[53] Et plus tard : « Une période occupée et des plus occupées, ces derniers temps, mon évolution me pousse tellement vers la théologie. »[54] Alors que Rüegg lui offre une Bible de Zurich et l'œuvre apocryphe du Siracide[55], les (généreux) dons d'Elisabeth Feller portent sur des œuvres d'art qu'elle accroche occasionnellement dans la salle d'étude du pasteur – avec l'aide de Hosch, ou de ses propres mains.[56] Régulièrement, les initiales « W. R. » apparaissent sous la rubrique « offert » dans le petit carnet d'« achats d'œuvres d'art » et lorsque Walter Rüegg quitte

70

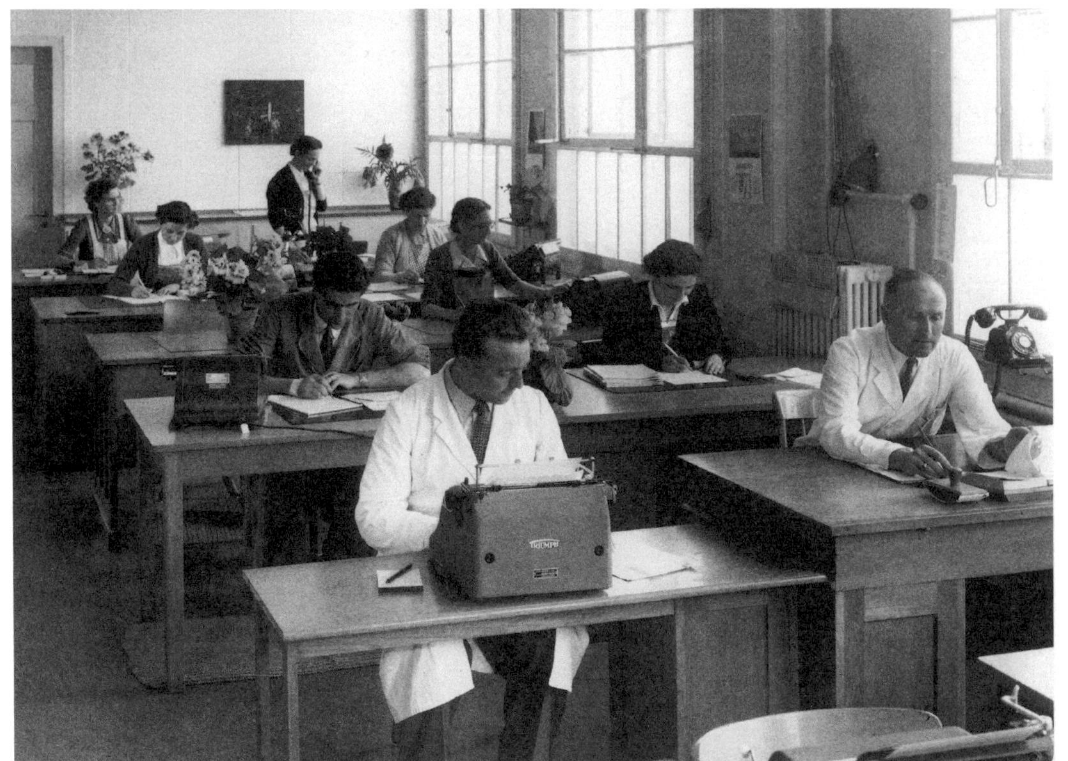

71

71

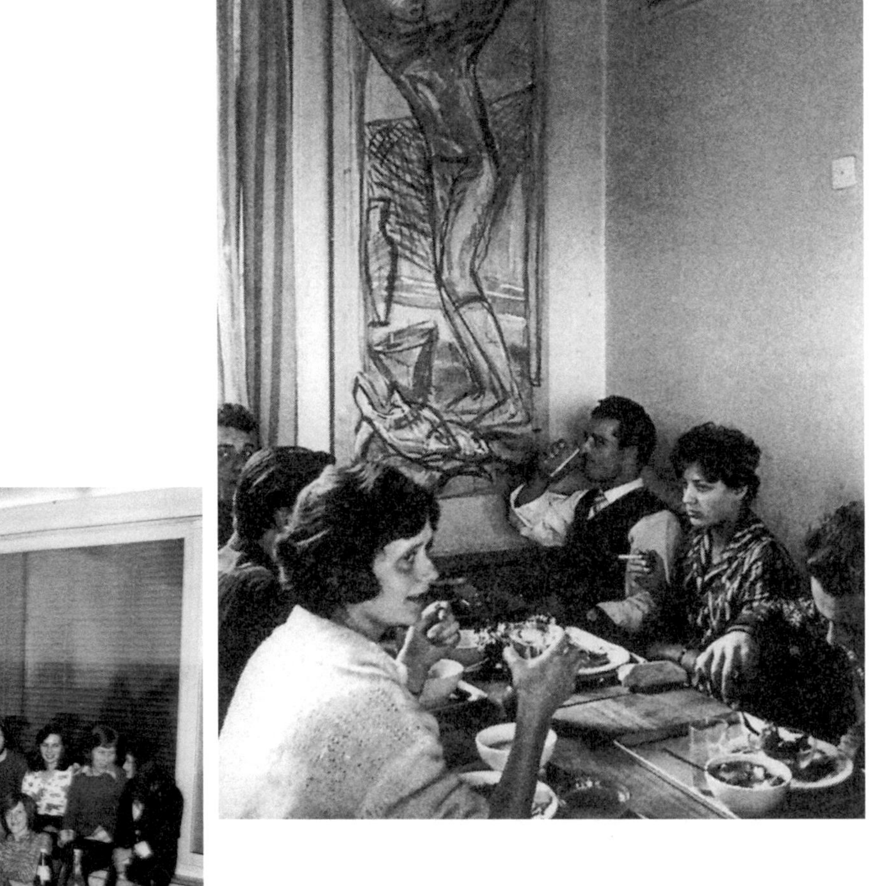

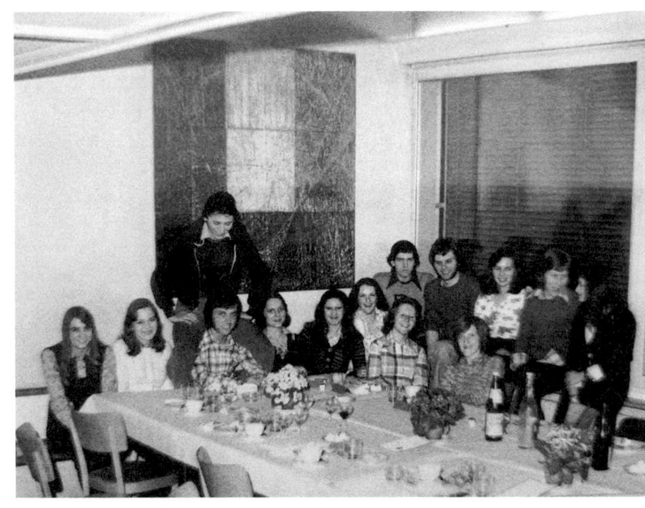

72

Horgen en 1961, Elisabeth Feller fait cadeau d'une cloche à la nouvelle paroisse de celui-ci.

Alors qu'Elisabeth Feller a de moins en moins de temps libre, le personnel de l'usine commence à en gagner au début des années 1960. C'est ce que relate la fresque murale peinte par Karl Hosch en 1963 pour la maison de bienfaisance «Höckli». *Der Samstag (il sabato),* ou le samedi en français, évoque, d'une part, le grand nombre d'employé-e-s et d'ouvrières et ouvriers d'origine italienne travaillant chez Feller. D'autre part, cette composition montre le contraste avec une journée de travail: on se détend, on se repose et on flâne. Le samedi chômé, c'est-à-dire la semaine de 5 jours, ne s'impose en Suisse qu'à partir de 1960, après avoir été provisoirement en vigueur durant la Deuxième Guerre mondiale pour des raisons d'économie d'énergie. Il est introduit chez Feller à titre définitif dans le cadre de l'accord de l'industrie du métal et des machines concernant la durée du travail (renouvellement de la convention de paix), qui prévoit en mai 1963 une réduction du temps de travail hebdomadaire à 44 heures.[57]

«Il sabato», journée de temps libre, est donc une nouveauté.[58] La fresque murale est dédiée «aux personnes énergiques qui contribuent, par leur travail, à assurer une existence paisible», écrit Hosch dans le *Fellerstern* en des termes un peu plus prosaïques que ceux employés habituellement par Fischli.[59] Pour cette raison, la fresque représente également des «silhouettes robustes et saines» et des animaux, assis ou allongés, arrivant sur place ou sur le départ. L'art devient ici le contrepoids d'un monde du travail effréné, une sorte de panorama ou de fenêtre sur la vie à l'extérieur de l'usine. Il constitue une pause rafraîchissante et relaxante – une récréation et un temps libre.

Les artistes représentants de l'art concret-constructif qui entouraient Fischli n'avaient pas fait cette distinction entre temps de travail et temps libre. Même si l'œuvre de Fischli pour le «Höckli», intitulée *Fenster mit gelber Mitte* (Fenêtre avec centre jaune), prend la forme d'une fenêtre, celle-ci mène vers l'intérieur, vers tout ce qui se trouve en

70 Bureau des salaires et du personnel, 1950

71 Cantine de la maison de bienfaisance «Höckli», avec en arrière-plan *Knabe* [Le garçonnet] de Karl Hosch (1955), 1960

72 Employés de Feller dans la maison de bienfaisance, devant la *Fenster mit gelber Mitte* [Fenêtre au centre jaune] de Hans Fischli (1952), sans date

dehors du « monde tangible et calculable ». Le centre jaune veut incarner « le cœur, le soleil dans le ciel, l'heure de midi ; la force intangible et indicible : le soutien de l'univers ».[60] « La lumière, l'air et le soleil », exprimés ici, sont également au coeur du Bauhaus. Et le contraste entre cette heure de midi cosmique et le samedi (protestant) de Hosch en dit long.

La grande huile aux tournesols de Hermann Huber, accrochée près de l'entrée du « Höckli », est pour sa part assez intemporelle, puisqu'elle ne représente ni soleil de midi ni samedi chômé. Cette nature morte renvoie à un idéal de beauté plus ancien qui se trouve pour ainsi dire hors du temps. La collectionneuse Elisabeth Feller reste toujours fidèle à ce peintre « profondément religieux », notamment en organisant une exposition commémorative autour de son oeuvre, à Horgen, dont elle assure elle-même la visite guidée pour son personnel.[61]

Et les femmes ?
Artistes de la Saffa et peintre en colère

Tout au long de sa vie, Elisabeth Feller entretient des relations d'amitié principalement avec des femmes, ou en lien avec des organisations féminines, comme l'écrit l'historienne Elisabeth Joris. En revanche, ses intérêts culturels, elle les partage plutôt avec des hommes.[62] « Les femmes sont pour moi presque toujours associées à des moments de détente, sans toutefois exclure le travail », écrit-elle au sujet de son engagement en faveur des femmes professionnelles et femmes d'affaires.[63] S'y ajoute la co-organisation de la Saffa, l'exposition suisse sur le travail des femmes, qui se tient à Zurich-Wollishofen en 1958. À partir de 1959, elle est également Chairwoman de l'International Federation of Business and Professional Women. Elisabeth Feller est une femme très occupée. Même presque trop aux yeux de certains de ses amis artistes, hommes et femmes : « Gardez malgré tout un peu de place pour ... le social ... l'art », lui écrivent Warja Lavater et Gottfried Honegger sur une carte postale, certainement en référence à la Saffa, où la première était présente avec ses fresques murales.[64]

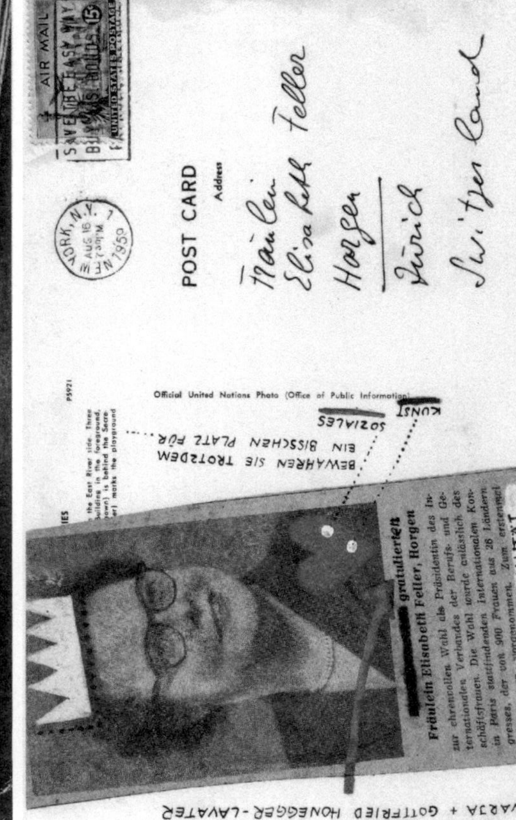

73–74 Carte postale de Warja Lavater et Gottfried Honegger à Elisabeth Feller, 1958

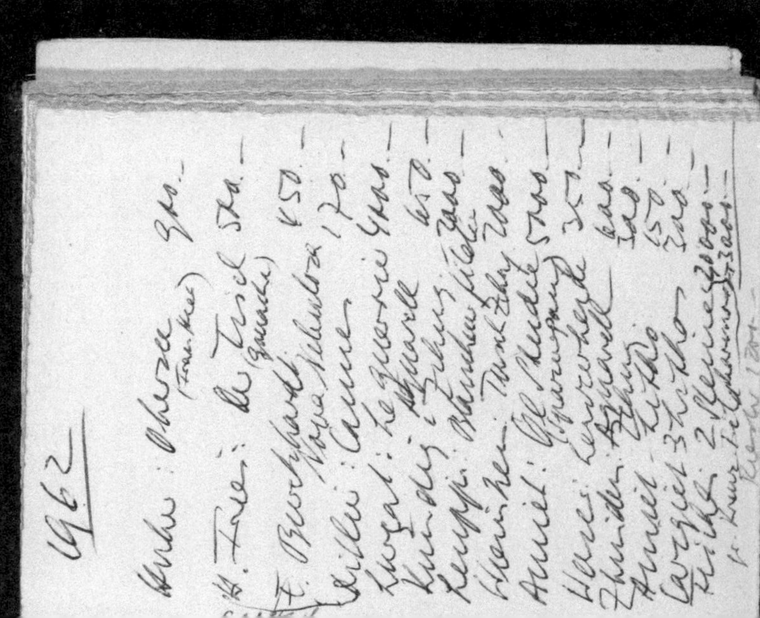

75 Carnet d'achats d'œuvres d'art d'Elisabeth Feller

Et pourtant, à la suite de l'exposition Saffa et jusqu'à la mort d'Elisabeth Feller en 1973, un nombre croissant de femmes artistes figure dans son petit carnet d'« achats d'œuvres d'art ». Ainsi, elle achète de temps à autre des petits travaux signés d'Elsa Burckhardt-Blum, architecte, dessinatrice et peintre, qui avait mis ses talents de constructrice au service de la Saffa.[65] En 1962, elle fait également l'acquisition d'un ensemble d'œuvres d'artistes féminines de la « Gesellschaft Schweizerischer Malerinnen, Bildhauerinnen und Kunstgewerblerinnen (GSMBK) » (Société des peintres, sculptrices et artisanes d'art suisses), dont elle soutiendra financièrement l'exposition une décennie plus tard.[66] Elle entretient un lien de longue date avec Marguerite Frey-Surbek, déjà amie de sa mère.[67] Hormis quelques exceptions, avant tout celle de Marguerite Frey-Surbek, l'intérêt d'Elisabeth Feller pour les femmes se reflète moins dans sa collection d'art que l'on aurait pu s'y attendre.

La diversification croissante des centres d'intérêt d'Elisabeth Feller ne plaît pas à tout le monde. Karl Hosch entend la ramener à son activité de mécénat et ne pas la perdre au profit de la Saffa ou, pire encore, de l'avant-garde. « Chère Elisabeth », écrit-il en 1958 avec une certaine acrimonie, « lorsque je t'ai envoyé des invitations de temps à autre pour les expositions [...], je l'ai fait au nom d'une certaine tradition selon laquelle l'intérêt que tu portais autrefois à mes affaires perdurait d'une manière ou d'une autre. » Selon lui, on doit aujourd'hui déjà s'estimer heureux d'être invité par « la bonne société » à boire un verre de vin. Il espère qu'elle n'est pas encore trop « gâtée » pour considérer son travail comme superflu « à côté de la télévision, des voyages en voiture et en avion, etc. etc. ». Il juge pour sa part son travail et celui de ses amis « beaucoup plus important que toutes les Saffa et autres jérémiades mises en scène dans la charmante Suisse. [...] La bourgeoisie souhaiterait s'en tenir à [Albert] Anker et Kündig et les snobs ne réagissent qu'à des trucs [...] abstraits à la Alberto Giacometti ou [Alexander] Calder, et tous les créateurs de mode modernes quels que soient leurs noms. Cela suffit. »[68]

Nous ne disposons hélas pas de la réponse. La mécène menaçait de lui échapper. Les œuvres de Hosch font malgré tout encore partie de la collection Feller – au même titre que celles de Calder, Giacometti ou Kündig. Depuis longtemps déjà, Elisabeth Feller ne collectionne plus de l'art pour intégrer la « bonne société ». Devenue entretemps une femme d'affaires accomplie, elle souhaite encourager la « dimension culturelle » de l'entreprise et contribuer « à l'éducation du personnel avec prudence mais détermination ».[69]

Épilogue

TENUE DE COMPTES AVEC DES FLEURS, COURTE ESQUISSE DE LA COLLECTION

L'activité de collectionneuse d'Elisabeth Feller insuffle une belle dynamique. Les beaux-arts font leur apparition à Horgen, marquent le site industriel et façonnent également l'entreprise. Elisabeth Feller part en voyage, visite des galeries et des expositions, noue des amitiés et crée ainsi – tableau après tableau, pierre après pierre – un univers esthétique qui devient la « ligne » de l'entreprise Feller. Elle vint au monde par le biais de l'art et le monde vint à Horgen. Les œuvres voyagent elles aussi, pour aller à la Saffa, à Anvers, à Bienne et dans des expositions organisées en partie par Elisabeth Feller ou réalisées sous son impulsion. En sa qualité de membre de diverses commissions d'art et de la Société zurichoise des beaux-arts du Kunsthaus de Zurich, Elisabeth Feller dispose après tout du meilleur des réseaux. C'est ainsi que le personnel de l'entreprise peut retrouver dans des musées des éléments de « son » univers Feller.

76

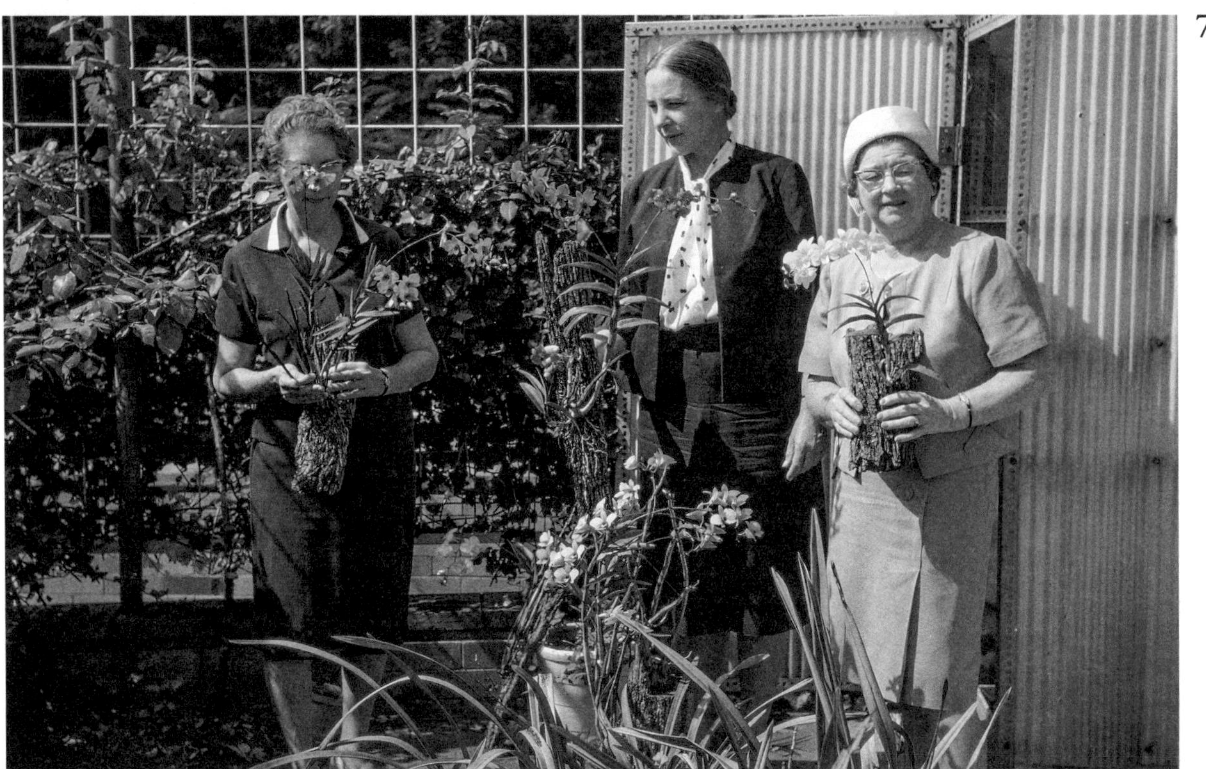

77

78

79

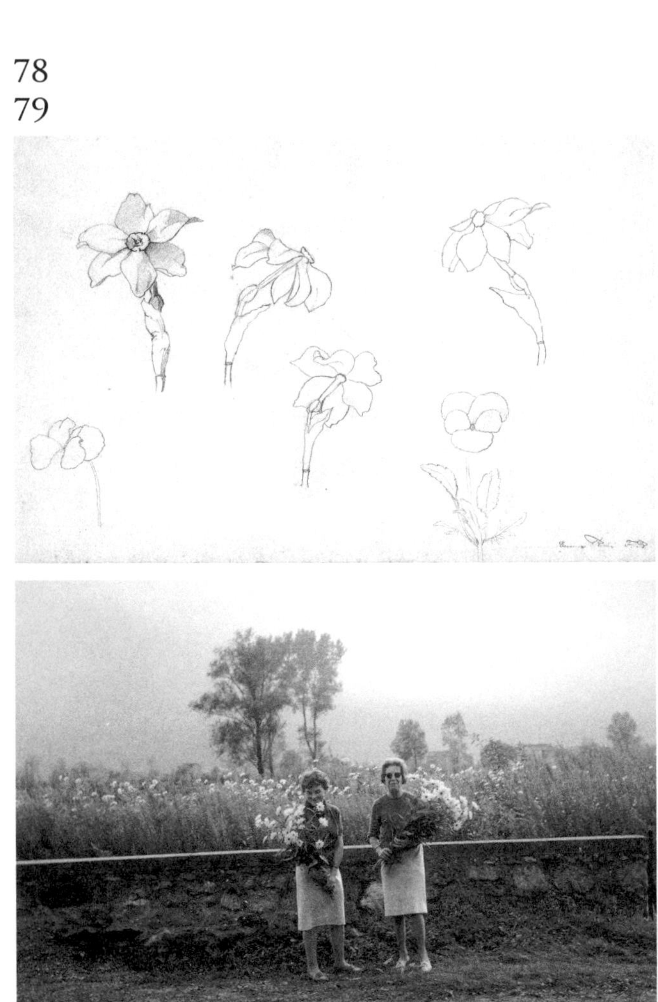

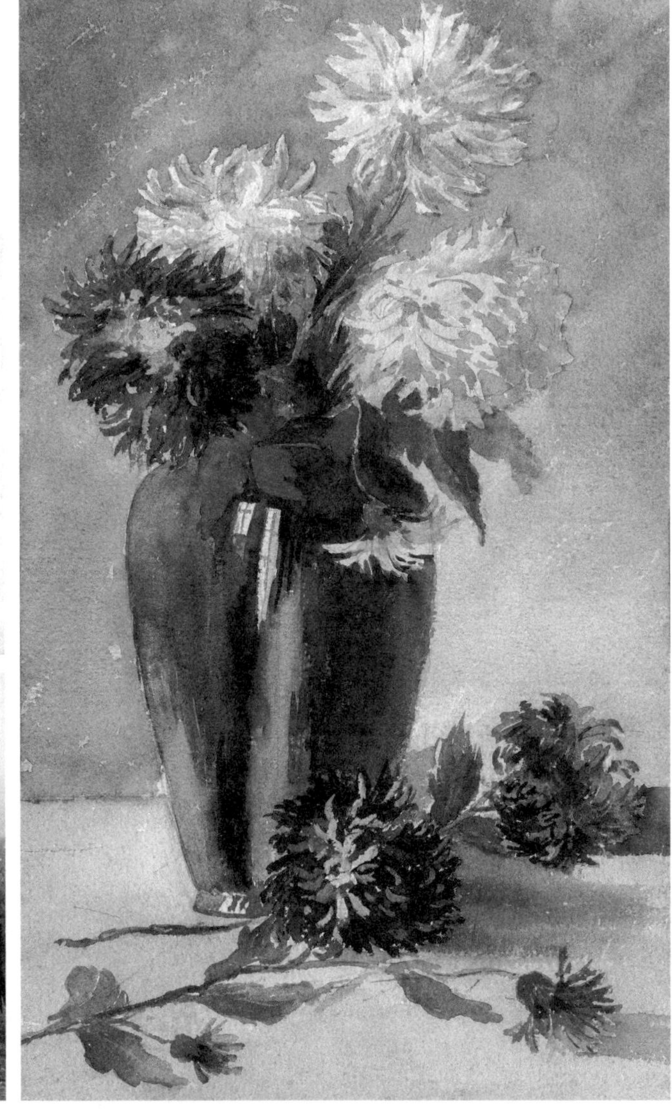

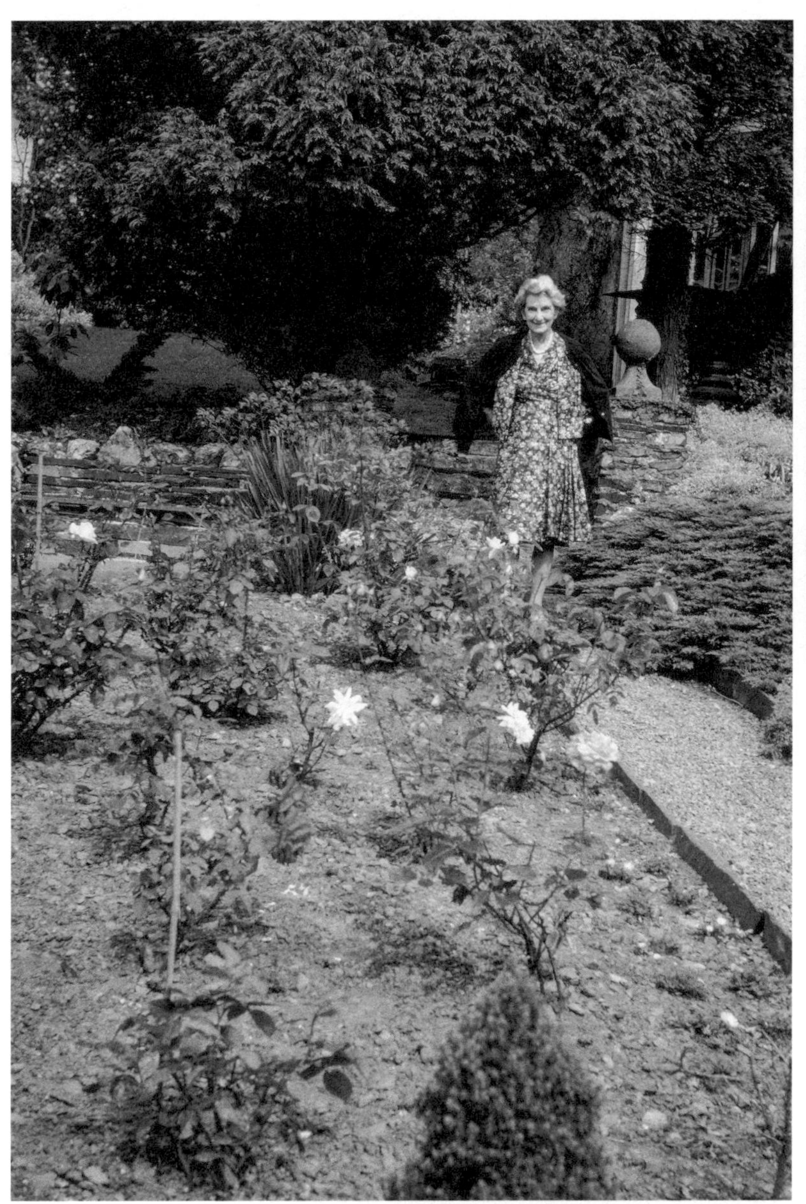

80

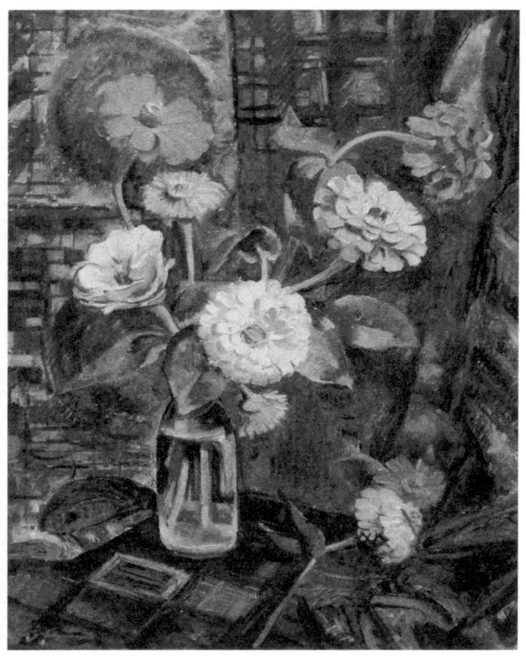

81

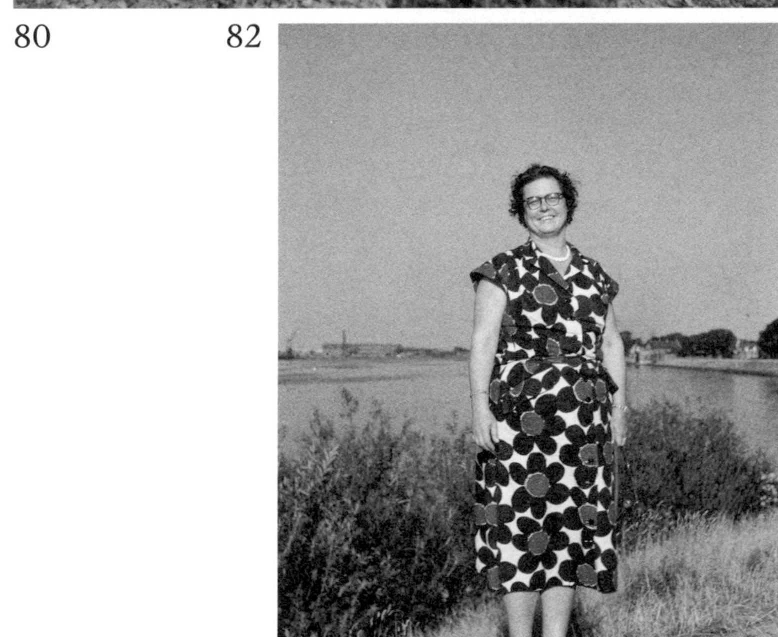

82

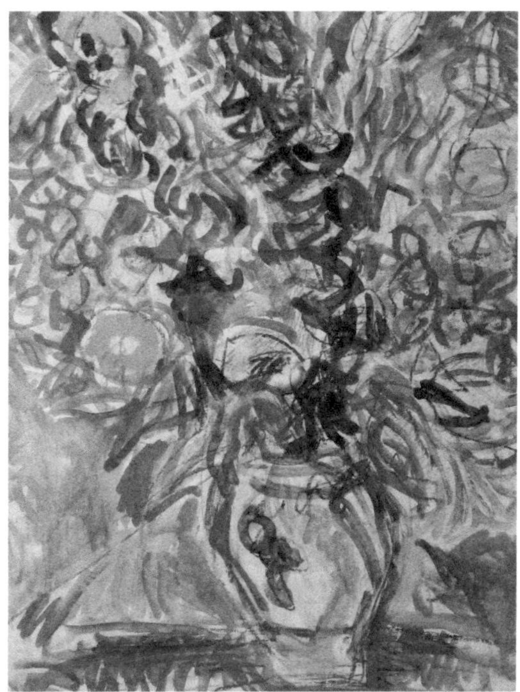

83

Dans le cadre de l'exposition *Hans Fischli: peinture, sculpture, architecture* organisée en 1968, par exemple, «le grand tableau avec la fenêtre jaune du Höckli, les trois pierres issues de la cour des bureaux» et «d'autres éléments venant du bureau et de la maison privée» sont ainsi transportés de la Stotzweid au Kunsthaus. La Stotzweid s'affiche même en gros plan sur un mur du musée.[70]

Il est notable que la collection d'Elisabeth Feller ne suit aucune stratégie précise ni concept. Elisabeth Feller semble plutôt avoir agi par hasard, de manière impulsive; ses amitiés et sa biographie culturelle jouant une influence déterminante.[71] Elle collectionnait ce qui lui était cher et l'on peut constater des liens étroits avec le lac de Zurich et la région de Horgen, les paysages de montagne où elle aimait randonner, et les lieux classiques de bohème dans le sud méditerranéen. Elle concentrait son attention sur le contemporain et, à quelques exceptions près, sur l'art suisse.

Au-delà des œuvres du mouvement concret-constructif de Zurich, des pierres sculptées et autres œuvres avant-gardistes, la collection d'Elisabeth Feller compte également de nombreuses peintures de paysages et natures mortes, souvent avec des fleurs. Ces dernières sont un motif pictural classique, mais aussi une constante dans la vie d'Elisabeth Feller, ne serait-ce qu'en raison des serres Feller. Les natures mortes florales représentent la nature, mais une nature maîtrisée et immobile. Elles incarnent une certaine prospérité, quand le sol n'est plus cultivé pour s'alimenter mais devient jardin et lieu de contemplation esthétique. Elles symbolisent également une vision bourgeoise de la féminité qui s'exprime aussi dans le *Fellerstern.* À la question de savoir ce qui distinguait cette entreprise dirigée par une femme des autres entreprises, la réponse fut: «une oreille attentive, des fleurs et un certain *confort*».[72] Et effectivement, Elisabeth Feller créa et façonna un environnement de travail agréable, dans lequel l'art n'était pas seulement un élément décoratif mais aussi une force productive.

76, 79, 80 Fleurs et femmes, photographiées par Elisabeth Feller, sans date

77 Emma Feller-Richi, *Sans titre,* v. 1905, aquarelle sur papier

78 Emma Feller-Richi, *Sans titre,* v. 1905, étude au graphite

81 Tableau floral de la collection, artiste anonyme

82 Elisabeth Feller en voyage, sans date

83 Karl Hosch, *Blumenstrauss* [Bouquet de fleurs], v. 1956, gouache sur papier

Après le décès inattendu d'Elisabeth Feller en 1973, suivi de celui de sa mère trois ans plus tard, une bonne partie de sa collection est vendue ou répartie au sein de la famille, ou fait l'objet de donations à des musées. Ce qui demeure n'offre ainsi qu'un aperçu de l'univers esthétique d'Elisabeth Feller. Sa collection ne fut, de toutes façons, jamais parfaitement représentative de son univers, puisque jamais figée, avec ses oeuvres prêtées ou offertes à des musées, des artistes, ou passant de la maison à l'entreprise et inversement.[73] Quant aux oeuvres restées dans l'entreprise – celles-ci ne peuvent être déterminées avec précision sur la base des documents disponibles.

Les listes que toute la famille Feller aimait à tenir restent moitié méticuleuses, moitié chaotiques. Le carnet d'« achats d'œuvres d'art » débute en 1938 et va jusqu'en 1972. Il consigne les dépenses d'Elisabeth Feller pour les oeuvres d'art, croissantes (en 1941, elles étaient de 1 100 francs ; en 1972, de 44 980 francs), tout en reflétant l'émergence et l'évolution de son sens artistique. D'autres petits papiers ayant également été glissés dans le carnet, nous y croisons, outre les visites chez le coiffeur et les séances de cinéma, les peignes, les savons et les valises, des achats d'une fleur ou d'une autre.[74]

1 Archives SRF, « Musik für einen Gast. Roswitha Schmalenbach erfüllt Musikwünsche von Elisabeth Feller », 13/4/1969, srf.ch/audio/musik-fuer-einen-gast/musik-fuer-einen-gast-vom-13-04-1969?id=a8c56eea-6e98-4c0b-a123-d605bd86a4cd. Pour un historique détaillé concernant Elisabeth Feller et Feller SA, voir Joris/Knöpfli 1996 et également 2011.

2 En littérature, elle appréciait tout particulièrement Charles Ferdinand Ramuz, dont elle possédait aussi plusieurs portraits. Elle chantait également dans une chorale mixte et aimait la musique classique. Voir également Joris/Knöpfli 1996, p. 139s.

3 Archives SRF, Musik für einen Gast (comme indiqué dans la note 1).

4 Les expertises graphologiques étaient alors à la mode et l'on s'en offrait à Noël à l'occasion. AGoF 671:2:02-01, liste de souhaits non datée ; 671:12:312-01, portrait de H. Aeschbacher, 27/9/1941.

5 Ibid., 671:7:07-03, horoscope, vers 1940, p. 1.

6 Ibid., 671:7:07-06, analyse graphologique 1933, p. 1.

7 Ibid., psychogramme, Kurhaus Sunneschyn, Zurich, 9/11/1934, p. 1.

8 Ibid., test de Rorschach, 1/5/1935.

9 Ibid., 671:7:07-03, horoscope, env. 1940, p. 2.

10 Ibid., 671:7:07-06, psychogramme, Kurhaus Sunneschyn, Zurich, 9/11/1934, p. 2s.

11 Un « beau tableau » figure dès 1925–26 sur la liste de Noël (mais seulement en quinzième position); ibid., 671:2:02-01, liste de souhaits de cadeaux. En 1940–41, un dessin de Hermann Huber, une aquarelle de Reinhold Kündig, une lithographie de Huber et un « portfolio Gina » sont consignés comme cadeaux. Ibid., 671:2:02-04, cadeaux de Noël.

12 Entretiens avec Anna Barbara Züst (22/5/2025) et Susanna Züst (29/4/2025).

13 Marguerite Frey-Surbek (1886–1981) était une peintre, dessinatrice et graphiste qui dirigeait avec son époux Victor Surbek (1885–1975) une école privée de peinture à Berne. Les peintres Hermann Huber (1888–1967) et Reinhold Kündig (1888–1984) étaient membres du Moderner Bund. Chez Kündig, marié à la sœur de Huber et vivant au-dessus de Horgen, les paysages occupent une place centrale. L'œuvre de Huber présente d'abord des similitudes avec celle de Hodler et « un penchant pour la chose religieuse », plus tard, ses tableaux deviennent plus libres et atteignent les limites du figuratif, pour finir par des compositions de rédemption. Voir Wyss-Giacosa, Paola de : « Hermann Huber », dans : *SIKART Dictionnaire de l'art en Suisse,* 2012 (1998), recherche.sik-isea.ch/sik:person-4022749/in/sikart.

14 AGoF 671:2:03-02, extraits du journal intime, 14/6/1941.

15 « Wir fragen, es antwortet ... Herr Architekt Hans Fischli », dans : *Fellerstern,* n° 37, 1972, p. 586.

16 AGoF 671:2:03-02, extrait du journal, 14/6/1941.

17 Ibid., 18/6/1941.

18 Hans Aeschbacher (1906–1980) était un sculpteur suisse qu'Elisabeth Feller a toujours soutenu en tant que mécène. Ses sculptures étaient d'abord figuratives, pour se rapprocher ensuite de l'Art concret. Voir Aeschbacher 2024.
19 Jost, Karl: «Hans Fischli», dans: *SIKART. Dictionnaire de l'art en Suisse,* 2011 (1998), recherche.sik-isea.ch/sik:person-4000602/in/sikart.
20 Dal Molin 2018, p. 196.
21 AGoF 671:2:03-02, extraits du journal, 12/12/1942.
22 Archives Feller SA, journal, 21/6/1948.
23 AGoF 671:2:03-02, extraits du journal, 30/3/1942.
24 AGoF 671:2:03-01, extraits du journal, 5/6/1944.
25 Ibid., 29/1/1944; concernant la problématique de la Collection Bührle, voir Keller 2021.
26 Archives Feller SA, journal, 1/11/1950.
27 AGoF 671:2:03-01, journal, Saint-Sylvestre 1943.
28 Ibid., 5/4/1943; 3/9/1943.
29 Ibid., Saint-Sylvestre 1944.
30 Ibid., 5/2/1947.
31 Archives Feller SA, journal, 23/1/1948.
32 Richi, Ernst: «40jähriges Dienstjubiläum von Fräulein Elisabeth Feller», dans: *Fellerstern,* nº 35, 1971, p. 526.
33 Steinmann, J.: «Fräulein Elisabeth Feller zum Gedenken», dans: *Fellerstern,* nº 38, 1973, p. 606–608, ici p. 608.
34 «Der neue Stein vor dem Höckli», dans: *Fellerstern,* nº 7, 1957, p. 84.
35 Gomringer, Eugen: «Die Firma Adolf Feller AG in der Sonderschau ‹Die gute Form›», dans: *Fellerstern,* nº 24, 1966, p. 319.
36 Imesch 2010, p. 29; Dal Molin 2018, p. 196.
37 Concernant les publicités et designs réalisés par Hans Neuburg, Carlo Vivarelli, Richard Paul Lohse et Josef Müller-Brockmann, voir emuseum.ch/search/feller/.
38 «‹Die gute Form› – was ist das?», dans: *Fellerstern,* nº 37, 1972, p. 579–581, ici p. 579s.
39 Gomringer, Eugen: «Die Firma Adolf Feller AG in der Sonderschau ‹Die gute Form›», dans: *Fellerstern,* nº 24, 1966, p. 319.
40 «Der neue Stein vor dem Höckli», dans: *Fellerstern,* nº 7, 1957, p. 84.
41 Joris/Knöpfli 1996, p. 20s, 38. En 1975, le boom de la construction immobilière s'est effondré.
42 «Wir fragen, es antworten … Herr Architekt Hans Fischli», dans: *Fellerstern,* nº 37, 1972, p. 584–587, ici p. 585s.
43 Imesch 2019, p. 141, 151.
44 Les voitures rappelaient des souvenirs à Elisabeth Feller, tels qu'un voyage en Alsace avec Fischli en cabriolet BMW. Elle espérait également que sa nouvelle Lancia «lui permettrait de nouer de nouvelles relations». Archives Feller SA, journal, 26/4/1949; Pâques 1951.
45 «Betrachtungen von der Rückseite aus», dans: *Fellerstern,* nº 11, 1959, p. 139.
46 Fischli, Hans: «Zu Euren Steinen», dans: *Fellerstern,* nº 14, 1961, p. 171.
47 Ibid.
48 «Erinnerungen einer Unbekannten», dans: *Fellerstern,* nº 4, 1956, p. 44.
49 Voir également Joris/Knöpfli 1996, p. 140.
50 Karl Hosch (1900–1972) était peintre, dessinateur et graphiste à Oberrieden. Son œuvre s'est inspirée des motifs paysagers, en partie folkloriques.
51 Archives Feller SA, journal, 1/3/1955.
52 Ibid., 8/11/1951. La phrase utilisée en sous-titre est tirée d'un poème en allemand de Conrad Ferdinand Meyer et elle a également été citée dans le journal d'Elisabeth Feller.
53 Ibid., 1/3/1955.
54 Ibid., 22/4/1955.
55 Les apocryphes sont des écrits religieux qui n'ont pas été inclus dans le canon biblique, tels que le Siracide.
56 Archives de Feller SA, journal, 30/12/1955; Saint-Sylvestre 1955.
57 La convention de paix du travail dans l'industrie suisse du métal et des machines fut signée en 1937. Elle avait pour but d'assurer la paix sociale en pleine crise économique et formait la base de la future convention collective de travail. Au sujet du samedi chômé, voir Degen, Bernard: «Durée du travail», dans: *Dictionnaire historique de la Suisse (DHS),* 2015, hls-dhs-dss.ch/fr/articles/013910/2015-01-21/. Concernant l'histoire de la grève, voir également le tableau *Der Streikposten* (le piquet et grève) de Max Erni dans la collection Feller.
58 En 1958, le personnel de Feller avait un samedi libre toutes les quatre semaines, puis toutes les deux semaines à partir de 1959. Les femmes profitaient de ce temps libre pour faire le ménage dans leur logement pour ensuite être «libres» durant les vacances. Voir «Wir Arbeiterinnen und der freie Samstag», dans: *Fellerstern,* nº 8, 1958, p. 93s.
59 Hosch, Karl: «Zu den Wandbildern des Höckli II», dans: *Fellerstern,* nº 19, 1963, p. 241.
60 Fischli, Hans: «Liebe Feller-Gemeinde!», dans: *Fellerstern,* nº 1, 1954, p. 7.
61 E. Feller organisa l'exposition même si Huber, après la rétrospective proposée au Kunsthaus de Zurich en 1944–45, était un peu tombé dans l'oubli et vivait reclus. La question de son «actualité» s'était alors posée. Wyss-Giacosa 2012 (comme remarque 13); «Gedächtnisausstellung Hermann Huber», dans: *Fellerstern,* nº 35, 1971, p. 528–530.
62 Joris/Knöpfli 1996, p. 139. Concernant les engagements multiples d'Elisabeth Feller en faveur de thématiques sociales et pour les questions touchant les femmes (droit de vote des femmes, égalité salariale, village d'enfants Pestalozzi, cours linguistiques et crèches à Horgen, école pour filles à Ramallah, organes des Nations unies), voir ibid., p. 128–138.
63 Archives Feller SA, journal, Saint-Sylvestre 1953.
64 AGoF, 671:12:313-03, carte postale de Warja + Gottfried Honegger-Lavater adressée à Elisabeth Feller, 1958.
65 AGoF 671:12:313-04, correspondance d'Elsa Burckhardt-Blum.

66 La GSMBK fut créée en 1907 car jusqu'en 1972, les femmes étaient exclues de la Société des peintres, sculpteurs et architectes suisses.

67 Renseignement de Susanna Züst (29/4/2025).

68 AGoF 671:13:313-10, Karl Hosch à Elisabeth Feller, 1/4/1958.

69 Binkert 1959, p. 291.

70 E. F.: « Ausstellung Hans Fischli », dans: *Fellerstern,* nº 29, 1968, p. 405s.

71 Conversations avec Anna Barbara Züst (22/5/2025) et Susanna Züst (29/4/2025). Aux dires de Susanna Züst, la collection d'œuvres d'art était une tradition familiale. Elisabeth Feller poursuivit également la collection de cartes postales de son père, ba.e-pics.ethz.ch.

72 Richi, Ernst: «40jähriges Dienstjubiläum von Fräulein Elisabeth Feller», dans: *Fellerstern,* nº 35, 1971, p. 526.

73 L'ampleur précise de la collection ne peut plus être reconstituée (voir les transcriptions « Achats d'œuvres d'art » et « Inventaire » en annexe). D'étendue bien plus modeste, la collection existant aujourd'hui chez Feller réunit près de 90 œuvres selon la base de données de l'entreprise (y c. les impressions, sans les nouvelles arrivées depuis 1973).

74 AGoF 671:8:30-01, carnet d'achats d'œuvres d'art, papier plié non daté (vers 1958); bout de papier, 1960.

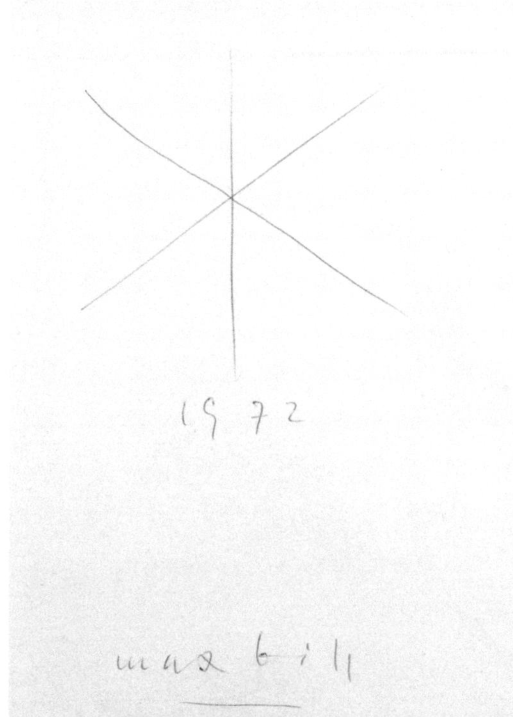

84 Carte de Max Bill à Elisabeth Feller, 1972

85 Dernière page du carnet d'achats d'œuvres d'art d'Elisabeth Feller, 1972

BIBLIOGRAPHIE

Archives

Archives Gosteli, Geschichte schweizerischer Frauenbewegungen, Worblaufen (AGoF)
– Fonds d'Elisabeth Anna Feller
Archives de Feller SA
– *Fellerstern*
– Journal 1947–1961
– Inventaire des œuvres d'art

Littérature

Binkert, Max: « Die Frau als Unternehmerin. Ein Gespräch mit Frau Elisabeth Feller », dans: *Monatsschrift für Absatztechnik,* nº 10, 1959, p. 261–292.
Dal Molin, Gioia: *Von der schwierigen Kunst, Kunst zu fördern. Staatliches und nicht-staatliches Engagement für die bildende Kunst in der Schweiz, 1950–1980,* Zurich 2018.
Imesch, Kornelia: «‹Gute Form› und ‹Kalter Krieg›. Die Schweizer Filmwochenschau. Bill'sche Ethik der Ästhetik ‹aus Funktion und als Funktion›», dans: *Outlines,* nº 5, 2010, p. 141–156.
Joris, Elisabeth / Knöpfli, Adrian: *Eine Frau prägt eine Firma. Zur Geschichte von Firma und Familie Feller,* Zurich 1996.
Joris, Elisabeth / Knöpfli, Adrian: *Feller – eine Firma prägt die Elektroindustrie. Vom Drehschalter bis zur Haussteuerung,* Zurich 2011.
Keller, Erich: *Das kontaminierte Museum. Das Kunsthaus Zürich und die Sammlung Bührle,* Zurich 2021.
Lüscher, Mario (ed.): *Hans Aeschbacher. Menschen und Steine,* Zurich 2024.

ANNEXE

Carnet d'achats d'oeuvres d'art d'Elisabeth Feller, 1938–1972
Les transcriptions suivantes sont reproduites dans la langue originale des sources, l'allemand.

Bildende Kunst.
Ankäufe seit 1940

1939 (LA)	
Kündig: Winterbild	700.–
Huber: Flucht ins Sihltal	1500.–

1938	
Amiet: Wäldchen	1200.–

1939*	
Hodler: Zchng. Krieger	300.–
Kunstmappe Graph. Ges.	100.–

1940	
Traffilet?:	
Trompeter Aqu.	250.–
Spahi? Um Stall? Aqu.	200.–
Schöllhorn: Litho	20.–
Giov. Giacometi: Maloja (Aqu.)	150.–
Surbek: Jungfrau (Tuschzchng)	200.–

1941	
E. G. Rüegg: Landi-Zchg.	80.–
Hubacher: Akt-Zchng.	100.–
Eugen Amman: Stilleben (Öl)	330.–
Kündig: «Unnesfächer?» (Öl)	100.–
Liebermann: Litho	40.–
Marg. Frey-Surbek: Farb. Litho (Boot?)	30.–
Max Gubler: Zeichng. Jedlicka	120.–
[links: Litho] → Huber: Blumen Stilleben (Litho)	300.–
[links: Kündig: Aquarell (Süden]	

1942		
Meyer-Amden: 3 Blätter		875.–
Zbinden: Aquarell-Gespann		120.–
[links: Litho] → Huber: 2 Zeichnungen		850.–
Gimmi: Zeichng (?)		100.–
Häusermann: Bild + Zeichnung		500.–
Morgenthaler: hellgr. Aquarell		150.–
Aeschbacher	100.– p. M.	1200.–
Hubacher: Zchng.		
Kündig: Frau am Kamin (Öl)		400.–

[linke Seite ergänzt]
Kündig: Aquarell (Sihlsprung)
Fischli: erste farbige Zeichnung

1942 [loser Zettel]		
Ae à ?	100.– p. m. {	600.– 600.–
Meyer-Amden	(500.– f. fis)	875.–
Aquarell Zbinden		120.–
Huber 2 Zeichngen.		850.–
Gimmi Zchng.		100.–
Häusermann: Bild u Zchng		500.–
Morgenthaler: Aquarell		150.–
		3795.–
[Ae 1500.–]		

1943	
Huber: Große Winterlandsch.	1700.–
Hodler: Holzfäller Rad.	135.–
Picasso: 4 alte Radierungen	325.–
Ciolina: kl. Aquarell (versch.)	100.–
Picasso: Rad. Chef d'oeuvre	100.–
Zbinden: Aquarell (Buchhey?)	200.–
Toepffer: Aquarell	175.–
Fischli: 6er Serie	1500.–
Aeschbacher Zchng.	100.–
Aeschbacher ...	1350.–

1943 [loser Zettel]	
Huber (Winderlandsch.)	1700.–
× Ae Jan-März	850.–
Picasso: 4 Radiergen.	325.–
Ae Zeichng.	100.–
Holder [sic.]: Holzf. Radierg.	135.–
× Ae à cto [Aeschbacher à Konto]	500.–
Ciolina Bilder	100.–
Fischli: 6er Serie	1500.–
Picasso Radierg.	100.–
Zbinden Aquarell	200.–
Toepffer: Aquarell	175.–
	5760.–

1944		
Rodin: Aquarell		450.–
Huber: Regenwetter (Öl)		1000.–
Surbek: 3 Zchngen Heuwagen-Geiß ...		160.–
Huber: Zeichng. (Haus)		160.–
Huber 2 Zeichngen. (Kloster)		100.–
Ciolina: 2 Zchngen.		260.–
Meisser: Zchng. (Wald)		120.–
Epper: Radierg. (Pferd)		30.–
Coghuf: Kl. Winterlandsch. (Öl)		300.–
Huber: Litho (Klipstein?)		50.–
[links: Zeichnung] → Huber: 2 Rad (Familie, Hund?)		60.–
Kündig: Landschaft		350.–
[links: Schnecke] → Fischli:	schwarzfarbig	625.–
	(Gasser?)	80.–
"	Dreier Serie	80.–
"	Farb. Zchng.	200.–
Aeschbacher		1900.–

1944 [loses Blatt]	
Rodin Aqu.	450.–
Huber: Regenwetter	1000.–
Surbek: 3 Zchngen.	500.–
Huber: Zchng.	160.–
Fischli: grün blau rot (Gasser)	625.–
× Ae à cto.	1000.–
Ciolina	260.–
Fischli: Dreier-Serie	80.–
" farb. Zchng.	200.–
× Ae à cto.	400.–
Huber: Litho (??)	50.–
Meisser: Zchng.	120.–
Epper: Radierg.	30.–
× Ae à cto. (Schluß)	500.–
Coghuf	300.–
Kündig Landsch.	350.–
	6470.–

1945	
Hunziker: Tusch: Maler am Fenster	250.–
Schnyder: Zchng. Pferde	150.–
Leuppi: graues Öl	700.–
Tscharner: Stilleben (Neugart)	550.–
Huber: längl. Reiter?	800.–
Erdbeeren	100.–
× Auberjonois: Aktuaryus (1918) Öl:	
La Femme au parasol	1200.–
× Auberjonois: Zchng. Les dompteurs	300.–
Picasso: Farbdruck	300.–
Buchser (Kündig): Radierg.	70.–
Aeschbacher: Torso	2500.–
Fischli: Handschnitt Öl E.	500.–
[links: Kaktus] → Schwarzes, Kunsth.	300.–
” Art Moderne	600.–
” Rotes (Sta??ns)	1000.–

1946	
Gimmi: «le petit café» | Akt.	800.–
Auberjonois Zchg. v. Dame	400.–
Matisse Zchng. (Grossenb.?)	440.–
Zbinden: kl. Zchng. | Wolfsb.	80.–
Blanchet: Aktuaryus: Ramuz | Rad. Akt.	60.–
Kündig: Öl Ochsen	350.–
Marini: Pferd Gal. Mod.	250.–
Dessouslavy: Öl auf Papier Grossenb.	340.–
Auberjonois: Reiter Zchng. (Burkhalter)	300.–
[links: 6 Akt-Zeichnungen] → Aeschbacher: Kopf	1500.–
[links: Götterfunke] → Fischli: alte Zchngen.	1000.–
Gelber Kreis Öl (Genf)	1100.–
+ Aktuaryus	

[linke Seite ergänzt]
Riester: Zeichnung Familie
Kündig: Aquarelle

1947	
Morgenthaler: Zchng. (Glarus)	200.–
Meyer-Amden: Farbstift Köpfchen	1100.–
Surbek: div. Rad.	510.–
”	120.–
Hosch: großes Öl (Höckli)	3000.–
Auberjonois: 2 Zchngen. (Adler)	665.–
Ciolina: kl. Akt	160.–
Klee: Öl & 4 Zchngen (Bürgi)	2800.–
[links: Alte Zeichnung (Frau Huber)] →	
Huber: alte Kompos. (über Bett)	2000.–
Karl Weber: Zchng.	100.–
[links: Kündig: Aquarell (Ried)]	
[links: 6 Zeichnungen] → Aeschbacher: 3 Zchngen:	150.–
” Rest f. br. Kopf	300.–
Kokoschka: Litho	50.–
Rouault: Automne (Grossenb.)	450.–
Picasso: 2 alte Rad.	340.–
Schnyder: Litho (Verlagspreis)	100.–

1948	
Aug. Weber: Zchng.	100.–
Tscharner: alte Kompos. (1928)	800.–
Frau Tscharner: Stilleben	100.–
Riester: 2 Aquarelle	500.–
Iselin: Zeichnung (Kirschen)	130.–
Auberjonois: Zchng. (Fam Godel)	275.–
× Rouault: Christ – La baie des Trépassés	1100.–
Leuppi: 2 Aquarelle	200.–
Zbinden: Aquarelle (Engadin)	260.–
Kündig: Zchng.	50.–
Aeschbacher:	4000.–
Fischli: Großes Grünes	2500.–
× Rouault: Christus – Baie des Trépassés	
(Grossenb.[acher] Aufpreis)	750.–

[Links]:
Zeichnung: Leute (Piester)
Huber: Zeichnung (Strauß)
Zeichnung: Herbstlich – Kündig
Kleines grün-rot-Schwarz – Fischli

[loser Zettel]		
√ Sept. 48	Rouault	1500.–
√ Okt. 48	Gr. Grünes fis.	2500.–
März 49	Uli Schoop Relief	850.–
√ Weihnacht 1947	Klee	2800.–
	√ Hosch Komposition	3000.–
	√ Meyer-Amden	1000.–

1949	
Pauli: Radierg.	150.–
Schoop: Schiefertafel	150.–
” Relief Rehe	850.–
Hanny Fries: Ramuz Zchng.	300.–
[links: Bernertracht-Zchng.] →	
Huber: Schooren? Zchng. (Regensch.)	300.–
” Alte Klosters Zchng.	1200.–
Deringer: blaue Stube (Öl)	650.–
Zch Hans Frisch: Kouvert (Rad)	40.–
[links: Zeichnung b. Egg] →	
Kündig: Aquarell (f. Kurt)	100.–
” kl. Öl (Veranda)	150.–
” kl. Öl (Treppenhaus)	350.–
Amiet: Pastell (Anneli) + kl. Öl (Reiter?)	500.–
Hanny Fries: Zchng. Carro	200.–
Willy Iselin: Kl. Figur	300.–
Zbinden: 2 Zchngen (Italien)	220.–
Aeschbacher: Zchng.	150.–
[links: Blau-Rotes (Sous-marin)] →	
Fischli: Platenga	200.–
” Kriegsbild	900.–

[Handzettel]
Sept. 49
√ Amiet: 2 Bildli
Mai 49
√ Willi Iselin: kl. Figur

1950	
Surbek: Zchng. (Cerveleri?)	110.–
Alte Graphik-Mappe	200.–
Derani-Aquarell (Tscharner)	1500.–
Schultze: Öl (Kündig Huber)	250.–
Fischli: Öl Gal. 16 (van Gogh)	600.–
Aeschbacher	350.–

[linke Seite ergänzt]
Riester: Aquarell (Arbeiter)
Morgenthaler Zchng. (K. A.)

Kündig: Aquarell (Fex)
Huber: Zchng. Selbstbildnis

USA. –

1951
Aug. Weber: Öl-Zchng (Wolfsberg) 600.–
[links: Lithographie] → Hosch: Radierng. 175.–
Picasso: 2 Radierngn. 700.–
Dorjanski?: Zeichng. 300.–
[links: alte Litho] → Huber: Zchng Tusch Zch. 300.–
Bodmer: Öl 700.–
Zbinden: Aquarell Genfersee 270.–
Marg. Frey: farb. Lith 85.–
Surbek: 3 Lithos (USA) 240.–
Pauli: Zeichnung (Wolfsberg) 250.–
Barth: Zeichnung (Palme) 250.–
Renoir: Litho (Neue René-Jean Marg. Frey) 150.–
Aeschbacher: Nonne 9000.–
Fischli: Grün-blauer Garten (Büro) 2500.–
W. Fries: Gartenlandsch. Öl 350.–

[linke Seite ergänzt]
Kündig: Aquarelle
Dalvit: Litho (P. B.)
Riester: Aquarell (Tiger)
Fischli: Alte Zchng. (Kirche)

1952
Gimmi: Aquarell 250.–
[Hanny Fries: Zchngen Kinder Heuriesenstein? 1000.–
Kirchner: Litho 200.–
[Kündig: Ölbild für Kurt's 800.–
[Surbek Zchng. (Peter Wüst's) 80.–
Westpfahl: Litho (Häfelis) 50.–
Zbinden: 2 Aquarelle 550.–
Meyer-Amden: Zchng. 200.–
Fischli: Oel auf Japanp. g 700.–
" Gletscherbild
Alte Zchngen 3000.–

[linke Seite ergänzt]
Kündig: Zchng. Simmismoos
Huber: Zchng. v. Kündig
H. Ae(schbacher): Alte Zeichnungen
(Helmhaus Ausstellg.)
für Radierg. f. Neujahrskarte

1953
Hs. Jak. Meyer: Braune fig. 800.–
Helen Dahm: Öl hinter Glas 250.–
Vieira da Silva: Aquarell (Bern) 450.–
Marg. Frey-Surbek: Lithos 350.–
Huber: Graphik 900.–
" Öl: Thaler? In Wald 2500.–
Auberjonois: Ramuz (Adler) 450.–
Surbek: Zchng. (Berner Land) 80.–
Vlaminck: Farb. Litho (V .Kübler?) 400.–
Hosch: Aquarell – Lithos 300.–
Zbinden: Zchng. 130.–
Schreiber – ?? (Helmuts) 330.–
H Ae(schbacher): Ackerstein Kopf 1500.–
[Acryl Baras?: Kündig Hosch Huber Zbinden
Welsmann 500.–
Rouault: farb. Litho

[linke Seite ergänzt]
Marg. Frey: Litho
Huber: Zchng. Treppe
Riester: Aquarell (Kilbi)
Kündig: Zchng- Laternen
Ausstellung H Ae / für Helmhaus: 3500.– für
Ausstl. – 3500.– Bilderpreis
Fischli: Fenster (gelb) Höckli 6000.–

1954
Huber: Graphik (Neuger??) 780.–
Hosch: Kl. Öl 300.–
Meyer-Amden: Aqu. 300.–
Leuppi: Gouache 175.–
Braque: Litho 170.–
Kunst Horgen
Kündig, Hosch, Huber, Wiesmann, Zbinden 900.–
Auberjonois: Ramuz Zchng. 450.–
Anni Frey, Zchng. 100.–
Schnyder: Zchng. 500.–
4 Righini Zchngen. 750.–
3 Huber Zchngen. 700.–
H Ae ein ?? Figur K'haus 6000.–
Riester 1200.–

[linke Seite ergänzt]
Aeschbacher Figur 12000.–
(Geschenk an Kunsthaus)
verschenkt: Huber Zchng Fanny
Kündig Zchng. W. R.
(Baum an Wasserbächen)
erhalten: Huber Zchng.
Kündig –
farb. Hosch "
Litho: Meisser?
Gisiger

1955
Gubler: farb. Zchng. 300.–
Hosch: " 200.–
Surbek: 3 Zchngn. 360.–
Kündig: 3 Zchngn. 300.–
Barraud: 2 Zchngen. 180.–
Kündig: Selbstbildnis 450.–
Amiet: Aquarell (rotes Rot) 800.–
Elsa Burckhardt: Zchng. 150.–
H. Fries: Illustrationen 300.–
Hosch: Zchng. 150.–
H Ae(schbacher) pro 55 3000.–
Riester 1200.–
Hs. Fischer? : Lithos 180.–

[linke Seite ergänzt]
erhalten: Kündig: Zchng.
Huber: Lithos
Fischer: Lithos
verschenkt: Hosch: Öl W. R.
Fischer Lithos
(Cherren?- Originale f. Krankenhaus)

1956
Iten?: 2 Zchngen. 500.–
Fischli: Ölblatt (Kh) 400.–
[Leuppi: Ölbild für Kunsth. 2500.–

Huber: Zchng (Luzern)	700.–
Hs. J. Meyer: Stein-Katze	1200.–
H Ae Schluß. Stele	5000.–
Pfister: Ölbild (Zch. Land)	600.–
G. Boner?: 2 Aquarelle (Bodmer)	600.–
V. de Silva: Radierg.	60.–
Zschokke: Kl. Plastik Zchng.	1500.–
Huber: Am Ufer (Oel)	4500.–
(Rubrik Herklgien??)	

[linke Seite ergänzt]
Erhalten: Kündig: 2 Zchngen
Huber Zchng.
Riester: 3 Radrgn.
Fischli: 2 kl. Bilder
Riester 1200.–

1957

Iselin: Öl & Aqu.	900.–
Morgenthaler: Aqu. (Bern)	300.–
Surbek: Lithos (Wolfsb.)	240.–
Ciolina: Öl (Müller)	500.–
Marg. Frey: Graphik	400.–
Öl (f. Mutting)	1200.–
H. Fischer: Zchng. OF.	350.–
Zschokke: 3 Zchngen	1200.–
Kunsthaus-? u. Frauenausstellung	120.–
Riester 1200.–	

[linke Seite ergänzt]
d'Altri – Liegende (Luzerner Ausst. Juli)
verschenkt: (Kündig) Öl
Huber Rosen-Zchng. } WR (Walter Rüegg)
Fischer: farb. } WR (Walter Rüegg)
Güggel-Zchng.
erhalten: Aquarell – Kündig
Zchng. Huber
Lithos: Zbinden
Hosch
Gisiger
Kl. Farb. Zchngen. Fischli & Öl
2 Aquarelle & Zchng. Riester

1958

Hosch: Gouache – Zchng.	300.–
Zbinden: Aqu. – Öl	1000.–
Hosch: 2 Aqu.	700.–
Kündig: 2 Zchng.	150.–
Roelli: Marg. 2 Stoff? (Palette)	400.–
Kekkö... (Ungar)	300.–
R??? 2000.–	

[linke Seite ergänzt]
verschenkt: ? Zbinden: Aqu. Buch ...?
erhalten: F?. Hs. Fischer: Skizze für Horgener Fries
Litho (zur Erinnerung Hs. F.)
Kündig: Zchng. u. Aquarell
Hosch: Litho
Riester: 3 Zchng.
1 Aquarell

[Faltblatt, reingelegt]

Lausanne		2500.–
Manfred?		100.–
Adler		150.–
Spenden		300.–
Wolfsberg-Bechlerbuch		450.–
Saffa-Bern-St. v. W.		700.–
Div. Beiträge		100.–
Blumen div.		50.–
Bücher 30.– 75.– 30.–		150.–
div. Kalender u. Karten		100.–
Hemmiater? Spindel		130.–
Div. Cig.		150.–
Haushaltausl.		50.–
Kamm & Bürste Werner		25.–
Coiff. Damen-Büste		200.–
T. Raths		20.–
Div. Essen		100.–
Hosch: 2 Gouachen	×	700.–
Palette: Roelli 2 Stoff??	×	400.–
Kündig: Zchng.	×	150.–
?		450.–
?		70.–
Frau Wyss-Samlg.		100.–
Bern-Unesco		100.–
Spindel		50.–
Brille- Zwicker		95.–
Erpf: Keram Bodenvase		45.–
Kühler: Zchng.	×	100.–
Kaffeetassli Steiger		55.–

[verso]

Str. Hansch. U. Kappe	30.–
Blumen div.	50.–
Haldemann	55.–
Photo-Blitz etc.	40.–
Schönheit u. Coiff.	50.–

Kunst 1958

Hosch Gouache u. Zchng.	300.–
Zbinden Aqu.	1000.–
Kekkö (Ungar) Aqu...	300.–
Hosch 2 Aqu.	700.–
Palette: May. Roelli 2 ?	400.–
Kündig Zchng.	50.–
Kübler Zchng. Paris	100.–
(verschenkt)	

Roh + fis Skizze u Litho
Kündig Zchng. u Aqu
Hosch Litho
Fischli 3 Photos ...

1959

Fischli: Zchng. u Bild (Läubli)	1200.–
Hosch: Gouache (Ober...?)	200.–
Tusch Zchng.	160.–
Frey-Surbek: Bergerie (Öl)	500.–
Fischer?: Katzen u Eulen	
Feder ...?	500.–
Surbek: Litho Mappe Kamerun	600.–
Zchng.	250.–
Hunziker: garçon couché (Gouache)	450.–
E. Burckhardt-Blum: farb. Tusche	220.–
Zbinden: Tusche	200.–
Anni Frey: 2 Aqu.	350.–
Fischli: ??? (3 Steine)	10000.–
" großes Kreuz	
Riester 1200.–	

[linke Seite ergänzt]
erh. Fischli: Teppich – Kg. schule
Riester ...
verschenkt: Japan. Farbholzschnitt (Lutz) 250.–
Sautter: Los burros Öl (WR) 1500.–
erh.: Emmenegger: Steine? (Öl) (Frau Rüegg)
(Jaurès/Griffon: Fr. 6 000.–
A. 1960 HAL-Buch)

1960 [loser Zettel, reingelegt:]
[links Jan. unleserlich]

?	200.–
Capitol 2 P. Sch.	80.–
??	110.–
Seifen?	30.–
Coiff.	10.–
O? -Bluse	50.–
Wäsche	30.–
Bücher	50.–
[links Febr. unleserlich]	
USA wechseln.	1000.–
???	110.–
Schuhe	80.–
Kupfer Scha?	45.–
??	50.–
Fotoalbum	45.–
Sprüngli ...	50.–
London wechseln	400.–
Coiffeur etc.	250.–
?? Tuch	50.–
? Fork?	20.–
T. Rath	50.–
Frl. Ruhli	30.–
[links März unleserlich]	
März	50.–
England	400.–
Bü-Geb.	225.–
Koffer ABZ	70.–
Essen Reblaube etc. Buffet	100.–

1960

Fischli Frauenfeld (2 Varianten) (Beule)	2 000.–
Fischli Colombey	7 000.–
Hindenlang: Die Stadt (Öl)	750.–
Hosch: Barken (Öl)	1 100.–
Tusch: bukol. Sz.	250.–
Abt: Cour en Espagne (Öl)	900.–
Surbek: Zchng. Rigi	150.–
Tusch	200.–
Marg. Frey: 2 Holzschn.	130.–
H. Fries: Zchng.	450.–
Ursula Förster: ? auf der Stange (Bronce)	650.–
Miró: Litho	488.–
Hs. Jak. Meyer: Zchng.	150.–
Chagall: Litho (fleurs) E. ??	1 500.–
Meisser: Rauhreif (Öl)	400.–
Calder: Mobile Horizontal	10 800.–
H Ae Buch-Jaurès	6 000.–
Keramik (Kg. Sch.) Beitrag	100.–
Riester 1 200.–	

[linke Seite ergänzt]
Geschenkt an Kirchen Horgen
Teppich Taufstein Horen der Kg. schule Zürich 6 000.–

Verschenkt: Fischli: schwed. Granit (m. W. Blattner)
(Kunsthaus) 3 500.–
Riester: Konzert (Agn.) Fanny
Erhalten: Flämmli – Fischli
(Diabas auf Diabas)
Bauernkranz "
Zchng. V. Mutter Huber Gina
Mondnacht (Öl), Kinder,
Steinbild? Riester
Zchngen "
Bestellt: Kündig, Stotzweid (Wolfensb.) Lithos ...

1961

Fischli: Beule (Leu's)	
H Ae: 12 Zchngen.	5 400.–
Knabentorso (Bronce)	9 000.–
Hosch: Rosen (Gouache)	400.–
(v. Frau v. T. Ibt?)	
v. Tscharner: 2 Bilder (Öl)	1 100.–
Gina Zangger: Frosch Bronce	500.–
Nell Gattiker: Serigraphie	300.–
Kath. Sallenbach: Aqu.	200.–
Helen Kasser: Hahn Monol.	250.–
Marg. Ott-Wirz: Linolschn.	
Felix Walder: Holzschn.	50.–
Zbinden: 3 Aqu-Zchn.	1 000.–
Frau Zbinden: Aqu.	400.–
Surbek: Zchng. Lieran?	80.–
Ursula Förster: Zchn.	50.–
Ernst Gubler: Sitzende? (Guss)	2 500.–
Kündig: Aqu. U. Zchngen.	500.–
Huber: ?? Radiergn.	5 000.–
Riester 1 200.–	

[linke Seite ergänzt]
erhalten: Riester: Zchngen.
Fisch: blaues Kreuz
(Flämmli (Diabas auf Diabas 1.1960)
Lithos
verschenkt: Hunziker: Rose u. Krippe 150.–
(WR)
Huber: Rosen (Öl) 1000.–
(WR)

1962
[links GSMBK]

Huber: Obersee (Frau Heer)	900.–
H. Fries: Der Tisch (Gouache)	500.–
E. Burckhardt: Nova Nebuloza?	450.–
Dillier: Cannes	150.–
Lurçat: Le guerrier	4 000.–
Kündig: Aquarell u. Zchng.	650.–
Leuppi: Blancheur filetée	2 000.–
Wreniken?: Tusch Zchng.	2 000.–
Amiet: Öl Studie (Spaziergang)	5 000.–
Werzer: Lenzerheide	350.–
Zbinden: Aquarell	600.–
Zchng.	300.–
Amiet-Litho	150.–
Carigiet 3 Lithos	300.–
Fischli 2 Steine (Marmor)	30 000.–
Gr. Kreuz Bild	3 000.–
Riester 1 200.–	

[linke Seite ergänzt]

(70)

Verschenkt: Huber-Obersee (Glarus) Frau Heer
erhalten: Riester: Zchngen.
Kündig: Aquarell
Lithos: Huber, Gisiger
Rüegg
Thalmann Amiet

Aus Nachlass Prof. Wild: Fr. 5 000.–
Öl: Morgenthaler, Gubler, 2 Huber
Graphik: Klee, G. Giacometti, Hosch, etc. etc.

1963

H Ae: Kl. Metallstele	5 000.–
Moore: ??. Litho	500.–
Ernst: Litho	500.–
Marini 2 Pferde Litho	600.–
Huber – 3 Ölbilder 2 Schneegl. Familie Vogel	2 000.–
Schädler, ??, Schnitzerei	400.–
G. Boner Zeichng. ??	280.–
H. Waser: 3 Aquarelle (Ischia, Engadin)	1 350.–
H. Zbinden: 2 Aqu (Gräser)	530.–
Kündig-Zeichnung	200.–
Graphikmappe Handelshochsch.	4 000.–
H Ae: Zeichng.	500.–
Hepworth: Two Forms (Pol. Bronce, g. Guss)	4 500.–
Fischli: Porphyres (für Musée d'Art Moderne)	25 000.–
Hosch: Marokko Aqu. u. Zchng.	300.–

Riester 1 200.–
Riester 1 200.–

[linke Seite ergänzt]

verschenkt	Fischli Porphyre	Paris
	Hubers Schneeglöggli	WR
	Kündig: Zchng.	Päuli
	Waser: Ischia	Bü

Hosch: Wandbilder Höckli II
erhalten: Riester: 2 Zchngen, Aquarell
Kündig: Molar. Litho
Lithos: Huber, Gisiger, Rüegg,
GSMBA, ?? Amiet.

[linke Seite ergänzt]

verschenkt:	Sekula: Collage	WR
	(Wille zur Stille)	400.–
	Fries, Ende Saison	Bü
	(Farbstift)	250.–
	Iselin Waldahmeisi [sic]	WR
	Aquarell	450.–
	Hunziker: Scherin? (Litho)	WR

erhalten: Fischli – Öl
Riester – 3 Zchngen.
Kündig – Tuschzchng.
Huber – Zchng. WR
Lithos: Zbinden, Weser, Gisiger,
Rüegg, Thalner?

1964

Riester

Gesamtausst.

Öl (Schaunisland?)	1 000.–
5 Aquarell- und Tuschkl.	1 500.–
(Florenz, Scala di Spagna, Sennefahrt, Breisach, Mad??nertal)	
Surbek 8 Lithos	1 350.–
2 Zchngen.	400.–
Sekula – Collage	500.–
(sans doute – j'aime le xx siècle)	
Herm. Huber, Ges. ausstl.	6 500.–
Eugen Früh (Öl) (Aqu. blatt)	1 100.–
C. Forg?? «Merci Madame» Zchng.	250.–
Zbinden, Aqu.	900.–
Burckhardt Elsa, Farbst.	100.–
Hunziker, 6 Lithos	1 170.–
Eskimo-Kunst	700.–
(Still. Bär – Seehund – w. Eule)	
Iselin Weilershaus? (Ölkreide)	350.–
Fischli graues Bild	10 000.–
Weißer Marmor	5 000.–
Ae Zchng.	600.–
Kunstmappe St. Gallen	4 000.–
	35 580.–

1965

	gr. Onyx	10 000.–
Fischli:	Kl. Onyx	6 000.–
	Silbern (Öl)	5 000.–
Feigl-Kunstmappe (Basel)		500.–
Laporte:	Rosen (Öl)	700.–
	Litho	100.–
Surbek:	2 Zchngen.	450.–
Xahen?:	Monotypie	800.–
Dillier:	Zchng.	400.–
Zbinden:	Aquarell (Sihlsee)	500.–
	3 Zchngen Mallorca	1 200.–
Huber?:	Christrosen (Öl)	1 200.–
Erni:	Zchng. (Gomier?)	350.–
Christ:	Oliven (Aqu.)	750.–
Helene Zbinden: Aqu.		350.–
[Hosch: Öl (Flaschen – gegen Horgengeb.)		900.–]
Blumenstr. (Gouache)		500.–
Huber: Ölbild 1922?		?
Kirchner Zchng. (Auktion Sponagel)		2 100.–
		31 800.–

[linke Seite ergänzt]

verschenkt: Hosch Litho Irene Glättli f. Konf.
erhalten: ??: kl. Quadrat Öl
Huber: 2 Zchngen.
Riester: 3 Lithos -Zchng.
Kündig:
Lithos: Zbinden, Waser, Gisiger

1966

Hans Falk «Stromboli» 29	1 900.–
[Estrid?] Christensen: Holzschnitt (Glarus)	150.–
Sekula: Transparenta??? (Öl)	2 200.–
Georgette Boner: 3 Tusche	800.–
Leuppi: Gouache u. Litho	650.–
H. Huber: Herbst (Öl)	5 000.–
Zünd: Piraten (Aufdie?)	750.–
Häfeli: "	250.–
Emanuel Jacob: Gouache	700.–
Ber-Lau?: Rom (Öl)	600.–
E. Burckhardt Tusche	600.–
Zbinden: Aqu. u. Zchng.	1 300.–
Fr. Keller: Abstraktion	500.–
M. Zürcher: 2 Kaltnadel?	190.–
Aeschbacher: Zchng.	700.–
Surbek: Malta (kl. Öl)	600.–

Hosch: Thiele (Öl) 2000.–
18880.–
Fis: Gold. Rad. 5000.–

[linke Seite ergänzt]
verschenkt: Sekula: A?? Fis (400.–)
Kollund: Romaquarell an Mutter
Erhalten: Fis: Öl ?
Riester: 3 Lithos u Zchng.
Kündig: Kl. Öl
ebf. Kl. Komposition
Lithos: Zbinden, Zschokke, Hs. Jak. Meyer, H. Rüegg, Gisiger, Huber

---

1967
Kündig (Stäfa) Schneelandsch. 2200.–
Marg. Frey Surbek: Iseltwald? 2500.–
Iselin: Zchng: Alpilles? 800.–
Aquarell: Bäume
Zender: Joueurs Zchng. 500.–
Aug. Giacometti: Pastell 400.–
Herbst[Adolf]: ?? Öl 1800.–
Zschokke: ? 800.–
Steurer?: Besuch d. a. Dame Zchng. 400.–
Wetli: Orchestergruppe 500.–
Gessner: Indian-Lied 300.–
Lohse: Gestufte Gruppen von gelb zu gelb 6000.–
Ö Koch: Zeichng. 700.–
Brütsch?: Holzplast. u Aqu. 1800.–
Schnyder: Litho 900.–
Tildy Grob: Gouache 550.–
Matossi: Indianerinnen? 350.–
L Tschudi: Linolschnitt 170.–
K. Weber: Aquarell 500.–
Huber: ~~Sommerbild~~ ~~5000.–~~
Blumenstrauss 4000.–
Stauffer?: Aquarell 450.–
Jacob: 3 Aqu u Tusch 3000.–
31320.–

[linke Seite ergänzt]
verschenkt:
erhalten: Riester Aqu. 3 Zchng.
Kündig Zchng
Lithos: Zbinden, Waser, Hofmann, Huber

1968
Truniger 3 Lithos 520.–
Moore: Skelter Sketchbook 1650.–
Fischli: Goldene 8000.–
Anuell 1966 9000.–
T[rudy] Egender: 2 Zeichngen. 630.–
H. Fries: Part. Zchng. 700.–
H. Kasser?: Litho 100.–
Max Gubler: 5 Holzschn. (Baum u Meer) 600.–
Kündig: 3 Zchngen 1700.–
Zbinden: 2 Aquarelle 1000.–
Zchng. 400.–
Hosch: Öl (Reiter) 900.–
Zchng. 320.–
Gouache (Schiffe) 500.–
Teatro Viaggiante: Nebel 800.–
Surbek: Kl. Öl (Malta) 600.–
Marg. Frey: 2 Lithos 330.–
Aug. Frey: Tempera 500.–
Max Bill: Öl (Quadrat) 4500.–
Mappe 500.–
V. Knobel: Tempera 250.–
Talman (Objekt) 850.–
Sekula Mappe 200.–
Carlo Duss 1200.–
35730.–

[linke Seite ergänzt]
verschenkt: Fischli: Geschenk an Kunsthaus 15840.–
Sekula: Mappe f. WR 200.–
Erhalten: Riester:
Lithos:

35730.–
Ch. Hey Litho 250.–
Sallenbach: Rotation 3600.–
39580.–

1969
Elsa Burckhardt: Turmvariante 600.–
Nell Gattiker: Schneetag (Gouache) 600.–
Max Kämpf: Atelier (Öl) 2500.–
Eugen Ammann ??? (Öl) 1000.–
Dahrit: 2 farb. Holzschnitte 370.–
Kramer: Pferd (Bronce) 600.–
Hoffmann: Kl. Gartenblatt ? 125.–
?? Funk? Fragment 500.–
Aquarell 300.–
(Sam Delchert? 2 Aqu. 400.–)
Caillida? 2 Litho 360.–
G. Boner: 2 Aquarelle Wallis 300.–
Lithos 180.–
Graphik: Holy, Huber, True 680.–
A. M. Novacke?: 2 graph. Blätter 500.–
Fr. Fischer, Toreaux (Bronce) 5500.–
Ilonay v. Tscharner: Öl (Blume) 1000.–
H. Waser: Aquarell: ?? 800.–
Lohse: Graphik 120.–
Wetli: Rebberg (Öl) 700.–
Fritz Huf: Pastell auf Papier 1000.–
Sonja Falk: Gelatine 300.–
Der Pflug 250.–
Wimpfheimer: Zeichngen. 550.–
Surbek: Kl. Scheidegg Aqu. 1500.–
Riester: Öl (?), Zchngen ?? 5000.–
Schnyder 750.–
Huber 1800.–
Fisch 6000.–

[linke Seite ergänzt]
verschenkt: blaue Litho (Fischli) WR
Litho (Fischli) Fr. L. Weber
erhalten: Riester
Schnyder: Litho
Gyergi? –

Opitre: Aqu. 900.–
Burckhard-Blum Aquar 405.–
Hanny Fries Aqu. 1000.–
ca. 35500.–

1970
Iselin: Weisshorn Zchng. 300.–

Jörg: 1 Tusch, 1 Holzschnitt	560.–
Ad. Funk: Gouache	900.–
Sallenbach: Mappe Dialogue	800.–
Hosch: ??? Öl	2800.–
Lil Tschudi: Sardinien	200.–
d'Altri: Gouache	850.–
???: Algerie (Öl Strauhof)	900.–
Anni Frey: Verachtungen (Pastell)	800.–
Frey-Surbek: 2 Zchng.	500.–
1 Bild	1800.–
H. Huber: Ölbild	1600.–
Zchngen u Graphik	2200.–
Galerie Fischer: dw. Graphik	
(f. Giacometti, Hodler, ?? Walter, Zbinden)	1240.–
Varlin: Litho	450.–
Santomaro?: Litho	220.–
Aeschbacher: 7 Zchngen	5600.–
Surbek: Lüderenalp	7000.–
2 Aquarelle	1100.–
Susy? Funk: Futerart?	200.–
Burckhardt-Blum: Farb. Tusch	405.–
	30425.–

[linke Seite ergänzt]

verschenkt: blau Fischli-Litho Bosch Hartmann (Bankok)
Frau Heer

erhalten: ?. Huber: Zchn. Marlies
Kündig: Apfel-Stilleben Aqu.
Camaniera? Zchng. Gina
Piz Morell Lith Fr. Freudenberg
Zbinden (Franz) Zeichng. (?S Pellegrino)

Riester Zchngen u Lithos
Fisch: 2 kl. Ae Zchngen
Lithos: Gisiger, Kündig, Kerchen? Aqu.

1971

Surbek: Lüderenalp	s. 70 ~~7000.–~~
Aqu. u Zchng.	~~1100.–~~
Varlin: Mappe	5600.–
Moser Wilfried: Holzschn. Fex	2700.–
Bill Max: Serigraphie	270.–
Riley? Bridget: "	300.–
Lohse 2 "	400.–
Knobel V. 2 Zchngen.	450.–
Honegger Gottfr.: Mappe	1200.–
Christ: Aquarell	800.–
Huber H.:Öl- der Verkünder	1600.–
Graphikmappe Kunstv. (W Bl)	7180.–
Fischli: 2 Lithos	540.–
Vivarelli: Mappe	900.–
Stahly: Skulptur kl. Ca.	5000.–
Pedretti G.: Litho	250.–
Hosch: Tess? Öl	1200.–
Fischer Leutkomm? Dr. Graphik	7000.–
Lenne R.? Tuschzeichnung	700.–
Huber H. Ausst. Horgen	{ 8000.– / 6780.–
Zbinden H. Zchng	400.–
Waser H. Aqu. Marseille	600.–
Böhmer G. Zchng. Selbstb.	1000.–
Wetli Hugo, 4 Litho, 1 Zchng.	1200.–
Dali – 2 Litho	600.–

[linke Seite ergänzt]

verschenkt: H. Huber: Rodin — 3000.–
" (Hochz. Pfr. Gyg?)
" Zchng. Kapuziner (T. ?? 70. Geb) — 500.–
Fischli: Litho (Pfr. Sab, Hochz) — 300.–
" " gold/schw. (A Gutr? 60. Geb) — 300.–
" rotes (Kurt 50. Geb)

erhalten: Fischli: 4 kl. Zchng.
Kündig 2 Aqu ?

Luthi Oscar: Pastell	2000.–
Fischli 2 Zchng. Strauhof	1700.–
" Orell Füssli 17 Zchng.	16200.–
L?? Frey Zchng.	350.–

1972 [andere Handschrift]

Duss, Collage	1200.–
Müller, Robert, 2 Holzschnitte	850.–
GSMBK-Ausst.	1585.–
Meister Otto Selbstbildnis	1000.–
Kündig Bergweiler Aquar.	800.–
Rieser H., Gordes Zeichng.	850.–
Bürgi A. M. Mischtechnik	500.–
Graeser Camille, Serigraphien	580.–
Frey Marg., Balcon	1700.–
Vallier, Dora Vieira	1000.–
Prévert, Fêtes	2800.–
Kämpf Max Zeichng.	300.–
Weber Ilse	800.–
Koch, Oedön, 3 Zeichn.	1750.–
Bär Uli, Aufbruch	320.–
Zbinden, 5	665.–
Giauque F[ernand], Soir de brume	1200.–
Schüpbach M., Madonne	900.–
Glarner F. Zeichng.	8500.–
Friedli Alice, Paradiesvogel	1800.–
Bill Farbdruck	35.–
Huiteler Rosm., Batik u. Radier.	270.–
Surbek, V., Iseltwald	1000.–
Moore H., Orig. Litho	2000.–
Jakob El., 2 Vasen	75.–
Schürch R., Tuschzeichn.	1000.–
Epper Ignaz; Holzschnitt	800.–
Aeschbacher Hs., 4 Zeichn.	6100.–
Truniger Max, Bild Mädchen	2300.–
Zbinden Fr., 2 Aquarelle	2300.–
	44980.–

[linke Seite ergänzt]

verschenkt: Friedli A., Paradiesvogel (Anne Hochzeit) — 1800.–

	44980.–
Kündig R., 14 Lithogr.	220.–
Kämpf Max, Kohlezechn.	1200.–
Hosch Karl farb. Zeichn.	500.–
Orell Füssli ?	1000.–
Wolfensberger J. E. ?	3000.–
	50900.–

Inventaire des tableaux et sculptures de l'entreprise Feller, 1978
Les transcriptions suivantes sont reproduites dans la langue originale des sources, l'allemand.

INVENTAR
der Bilder und Skulpturen
von Firma FELLER AG

Stand Juli 1978
[handschriftlich: (korr. z. Orig. Juni 1979)]

BILDER

Künstler	Sujet	Grösse	Jahrgang	Ort	Wert in Fr.
F. Zbinden	Landschaft (Horgenberg)	70×60	1968	Depot	....
	Landschaft (Rebberge)	69½×54	–	Depot	....
	Landschaft (See, Berge)	69½×54	1948	Depot	....
	Landschaft (Winter)	68×54	1965	Frl. Suter G 11 (alt)	....
	Blick auf Zürichsee	70×59	1962	P. Bender G 14	....
	Winterlandschaft	69×56	1944	Hr. Lunow G 11 (neu)	....
	[handschriftlich] Drei Winterlandschaften à Fr. ... (s. Orig.)				
Hosch	Schiffe	87×70	1968	Hr. Beck G11 (alt)	....
	Blumenstrauss mit Vase	70×86½	1961	Hr. Nussbaum G 11 (alt)	....
	Blumenstrauss	83½×64½	1961	Bespr. zi. I G 10 (neu)	....
	Landschaft	95×75	1954	Warteraum Sanität	....
	Hafen	78×59	1927	J. Steinmann G 15	....
	Knabe	74×192	1955	Kantine Saal	....
	Blumen mit Vase	95×75	–	Bespr. zi. II G 10 (neu)	....
	Blumenstrauss	81×133	–	Kantine Saal	....
	Freizeitgestaltung	130×210	–	Mubaraum (vorher Höckli 2)	....
	Sitzende Leute	151×114	1946	Kantine (Sitzungszimmer)	....
	[handschriftl.] Marrakesch	*1962 (g. Orig).*			
Fischli	~~1–4 zu 1 Doppelkern~~ *[handschriftl.] (g. Orig)*	59×58	1967	Korridor G 15	....
	Kreis + Quadrat (hellblau)	67×76	1969	Korridor G 15	....
	weisser Kreis auf blauem Grund	61×80½	1969	Korridor G 15	....
	Kreis mit Quadrat (blau/rot)	83×48	1969	Dr. Spycher G 15	....
	~~Division 4 gleichgrosser Quadrate~~ *[handschriftl.] (g. Orig.)*	~~58×58~~	~~1968~~	~~Bespr. zi. I G 15~~	....
	Fenster *[handschriftl.] 6 Platten blau-grün (g. Orig.)]*	144×156	1952	Kantine Saal	....
Jselin	Kirschernte	54×69	1947	Depot	....
	Strand bei Roca-Fosca	53×42	1956	Bespr. zi. G11 (alt)	....
	Herbstbaum	49×64	1966	Sanität G 10	....
	Bergdorf im Winter	64×49	1963	P. Senti G 11 (neu)	....
Surbek	Landschaft	72×48½	–	Depot	....
[hs.] Frey-Surbek	Stuhl mit Tischen	47×75	–	Hr. Beck G 11 (alt)	....
	Industriehafen	95×75	–	Bespr. zi. II G 12 (neu)	....
[hs.] Frey-Surbek	See mit Bergen	53×41½	–	Pers. haus Höckli	....
Kündig	Wald im Winter	80×68½	–	Depot	....
	Landschaft	52½×41½	–	J. Steinmann G 15	....
	Firma Feller	73½×64	–	Kantine Glashaus	....

Künstler	Sujet	Grösse	Jahrgang	Ort	Wert in Fr.
M. Koch	Hirten mit 2 Esel	72½×52½	1962	Depot	....
	Schiffshaufen	49½×38	1970	T. Maurer G 14	....
	Zürichsee	73½×50	1966	Depot	....
Waser	Berge	87×70	1962	Bespr. zi. I G 15	....
	Winterlandschaft	70×54	1960	Versuchswerkstatt G 14	....
	Winterlandschaft	74×94	1968	EDV G 11	....
Hunziker	Kühe am Weiden	85×59	–	Bespr. zi. I G 14	....
	Druck (versch. Motive)	57×143	–	Kantine	....
H. A. Si~~li~~*[hs.]gg*	Kuhhirte mit Kühen	52½×41	1954	Bespr. zi. I G 12	....
	Kühe auf Wiese	54×69	1958	Sanität G 10	....
A. Schnyder	Bauernhöfe	79×58	1968	Depot	....
	In den Freibergen	93½×75	1953	Bespr. zi. II G 15	....
H. Huber	Blumenstrauss	61×54	1936	Depot	....
	Sonnenblumen	64½×83	–	~~Frl. Uetz G 15~~ *[handschrift.]Fr. Rolli G 15 (s. Orig)*	....
H. Keller	Zürichsee	82½×60	1939	Depot	....
Komy	Blumenstrauss mit Vase	66×85	–	Schreibzentr. G11 (alt)	....
E. Früh	Zigeuner	67½×52½	1950	Sanität G 10	....
Hiestand	Bach	53½×69	–	Bespr. zi. G11(alt)	....
Hegetschwiler	Dorfgasse	52½×42	–	Schreibzentr. G11 (alt)	....
A. Frey	2 Kinder im Winter	52×42	1968	Schreibzentr. G11 (alt)	....
Carlos Duss	Gruppierung	53½×55	1970	Korridor Direktion G15	1200.–
A. Cariget	Baumstamm mit Spechten	70×87	1968	Helio G 14	....
	Tauben	75×60	1968	Kantine	....
E. Dehrroix	2 sträubende Pferde	87×70½	1860	H. Frick ~~G14~~ *[hs: privat (g. Orig.)]*	....
[hs: Trudi Roth (g. Orig.)] Burano	Ital. Hafenstadt	84×59	1965	Techn. Admin. G14	....
Müller	Papagei	41×52	–	Pers. haus Höckli	....
Hsiung	Blumenstrauss	52×41	–	Pers. haus Höckli	....
Zender	Haus am Meer	52½×42	–	Pers. haus Höckli	....
Christ	Meeresufer	80×68	1970	Frl. Birkle G11 (neu)	....
M. Günter	Segelschiffe	49½×65	1970	G. Müller G11 (neu)	....
M. Tschinger	Modern	~~87×71~~		~~Hr. Bühlmann EDV~~ *[hs. (g. Orig)]*	....
Willi	Modern	62×62	1968	Kantine Sitz. zimmer	....
H. Grupp	Schloss Heidenheim	50×60	1952	Depot	....
Vincent	Segelboote am Sandstrand	40×33	–	Depot	....
	Situationsplan alte Stotzweid	202×96	–	Konferenzzi. G 15	....

Künstler	Sujet	Grösse	Jahr	Ort	Wert in Fr.
Unbekannt	Blumenstrauss mit Vase	54×65	–	Depot	....
	«Bach»	83×70	–	Depot	....
	2 Männer mit Bär	46×54	–	Depot	....
[hs.] René Auberjonois (g. Origin.)					
[hs.] " Tildy Grob Modern		84×70	–	Hr. Rüegg EDV	....
	Hahn	53×62	–	EDV	....
[hs.] " Max Truniger Modern		55×65	–	EDV	....
	Der Vater Hahn	86½×70	–	Fr. Galindo G13	....
	Figaro	53×41	–	Helio	....
	Vasen (Federzeichnung)	84×59	–	Kantine Sitzungszi.	....
[hs.] " Hans Fischer Die Eule hat Sorgen					
[hs.] " Vivarelli	*Grün-Orange*				
[hs.] " "	*1–4 zu 1*			*Bspr. Z.*	
[hs.] " Gobelin					
[hs.] " (gem. Orig.)					

<u>Zusammenfassung aller Bilder</u>

Künstler	Total aller Bilder	Gesamtwert in Fr.
F. Zbinden	6	....
Hosch	10	....
Fischli	6	....
Jselin	4	....
Surbek *[hs. + Frey-Surbek]*	4	....
Kündig	3	....
M. Koch	3	....
Waser	3	....
Hunziker	2	....
H. A. ~~Sili~~ *[hs. Sigg]*	2	....
A. Schnyder	2	....
H. Huber	2	....
H. Keller	1	....
Komy	1	....
E. Früh	1	....
Hiestand	1	....
Hegetschwiler	1	....
A. Frey	1	....
C. Duss	1	....
A. Coriget	2	....
E. Dehhroix	1	....
~~Burano~~ *[hs. Roth]*	1	....
Müller	1	....
Hsiung	1	....
Zender	1	....
Christ	1	....
M. Günter	1	....
M. Tschinger	1	....
Willi	1	....
H. Grupp	1	....
Vincent	1	....
Situationsplan alte Stotzweid	1	....
Unbekannt *[hs. + Div.]*	9	....
Total	77	....

SKULPTUREN

Ort	Gegenstand	Künstler	Wert in Fr.	
Landhaus:	– Haus	Nonne	Aeschbach	....
	– Höfli	2 Steine	Fischli	....
	– Sitzplatz		Fischli	....
Alter Büroeingang:		Abendmahl	Aeschbach	....
Höckli I:	– Garten	Unvollendete	Aeschbach	....
	– Stübli	Kopf	Aeschbach	....
Direktion G15:	– Korridor	Kuh	A. Voemel (Düsseldorf)	....
	– Korridor	Stein	Fischli	....
	– Bespr. zimmer I	Sonne	Fischli	....

Endzusammenfassung

Totalanzahl	Gesamtwert in Fr.
– 77 Bilder	....
– 10 Skulpturen	....
Gesamtwert aller Bilder und Skulpturen der Firma Feller AG Stand Juli 1978	....

Personnes participant à l'ouvrage

Dotée d'un doctorat en histoire, Magaly Tornay a notamment mené des recherches sur l'histoire des psychotropes et de la psychiatrie, sur Adolf Wölfi et sur l'histoire de la bioéthique. Ses derniers ouvrages se consacrent aux infirmières (*Träumende Schwestern. Eine Randgeschichte der Psychoanalyse,* Vienne 2020) et aux drogues (avec Beat Bächi, *Drogen zur Einführung,* Hambourg 2025).

Herendi Artemisio est un studio de design graphique de Zurich créé en 2018 à l'initiative de Milana Herendi et Tiziana Artemisio. Celui-ci a réalisé des projets à destination d'institutions culturelles et académiques, d'entreprises, de maisons d'édition et de particuliers dans le domaine de la culture, du design et de l'architecture, mais aussi dans le domaine politique et des ONG. Ses travaux se caractérisent par un langage visuel clair, une utilisation de la couleur comme vecteur d'identité et une forte concentration sur la typographie.

Flavio Karrer a suivi une formation professionnelle de photographe, puis a obtenu une Licence d'Arts plastiques - Photographie à l'Université des Arts de Zurich. Il travaille aujourd'hui en tant que freelance dans les domaines de la culture, de l'art et de la mode. Il enseigne également la photographie et est rédacteur photo pour le magazine *Zweikommasieben.*

Remerciements

Nous remercions Wolfgang Steinbeck (Archives Feller SA), l'équipe des Archives Gosteli et Hans Erdin (Ortsbildmuseum de Horgen) pour leur aide dans la recherche et l'acquisition de matériel et d'images. L'obtention de la collection historique de l'entreprise Feller doit beaucoup à Cornelia Högger, Wolfgang Steinbeck et Susanna Züst, auxquels nous adressons tous nos remerciements. Nous remercions également Beat Bächi, Luise Baumgartner, Adrian Knöpfli, Mario Lüscher, Ruth Stalder, Anna Barbara et Susanna Züst pour les échanges et les retours.

Crédits

Archives communales de Horgen: fig. 1, 2

Archives Feller SA: fig. 3 (photographe: André Melcher), 15, 19-21, 33, 37, 41, 42, 45-48, 70, 72, 77, 81, 83

Archives Gosteli, fonds Elisabeth Feller: fig. 4-6, 8-14, 16, 18, 26, 27, 40, 69, 73-75, 84, 85

Walter Binder, Institut suisse pour l'étude de l'art (SIK-ISEA), Zurich, HNA 39.2.23.9: fig. 7

Famille Züst-Kellenberger (archives privées):
— collection de diapositives Elisabeth Feller: fig. 17, 31, 76, 78-80, 82
— œuvres d'art d'Emma Feller-Richi: fig. 77, 78
— photographies: fig. 86

Joris, Elisabeth / Knöpfli, Adrian:
— *Feller – eine Firma prägt die Elektroindustrie. Vom Drehschalter bis zur Haussteuerung,* Zürich, 2011: fig. 22 (photographe: Thomas Cugini), 28, 32, 35, 36, 43, 71 (photographe: Kurt Ammann)
— *Eine Frau prägt eine Firma. Zur Geschichte von Firma und Familie Feller,* Zürich, 1996: fig. 22 (photographe : Thomas Cugini), 43

Flavio Karrer: fig. 23, 49–68

Photographe inconnu, Institut suisse pour l'étude de l'art, Zurich (SIK-ISEA), HNA 39.6.1: fig. 24

Fonds partiel de Hans Fischli, Archives de l'art, SIK-ISEA, Zurich: fig. 25

Alexander von Steiger, Université des Arts de Zurich, Archive ZHdK: fig. 29, 30

Hans Neuburg, Museum für Gestaltung Zürich, Grafiksammlung, ZHdK: fig. 34 (photographe: Umberto Romito), 38

Rotzler, Willy: « Neuere Arbeiten von Hans Aeschbacher », in: *Das Werk. Architektur und Kunst,* Nr. 44, Heft 1, 1957, S. 27 (photographe: Jürg Schmitt): fig. 39

Lüscher, Mario (ed.): *Hans Aeschbacher. Menschen und Steine,* Zürich, 2024: fig. 87 (photographe: André Melcher)

S'il arrivait que, malgré des recherches approfondies, certain·e·s titulaires de droits n'aient pas été pris·es en compte, les revendications légitimes seront réglées dans le cadre des accords habituels.

Référence

Carnet d'achats d'œuvres d'art Elisabeth Feller : Archives Gosteli, 671:8:30-01.

Inventaire des tableaux et sculptures de l'entreprise Feller : Archives Feller.

Titres des images Marguerite Frey-Surbek: Burgerbibliothek Bern, N Marguerite Frey 248.

Mentions légales

Édité par Feller SA et la famille Züst-Kellenberger (Mara Züst, Susanna Züst)

Conception:
Mara Züst (direction du projet) avec le soutien de Feller SA, Herendi Artemisio, Cornelia Högger, Magaly Tornay, Susanna Züst
Recherche, essai:
Magaly Tornay
Concept graphique, maquette, rédaction photographique:
Herendi Artemisio, Zürich
Recherche iconographique:
Magaly Tornay, Mara Züst
Photographies de la galerie:
Flavio Karrer
Lithographie, impression, reliure:
DZA Druckerei zu Altenburg GmbH
Lectorat en allemand:
textstern, Ulrike Ritter
Traduction en français:
ITSA AG
Relecture/Correction:
Maria Damnjanović
Conseil conservatoire:
Anita Hoess, Hoess Conservation
Police:
OT Parallel, Omnitype

Verlag Scheidegger & Spiess AG,
Niederdorfstrasse 54,
8001 Zürich, Suisse
www.scheidegger-spiess.ch
+41 44 262 16 62
info@scheidegger-spiess.ch

Sécurité des produits:
Personne responsable au sens du règlement UE 2023/988 (GPSR):
GVA Gemeinsame Verlagsauslieferung Göttingen GmbH & Co. KG,
Postfach 2021, 37010 Göttingen, Allemagne
+49 551 384 200 0
info@gva-verlage.de

La maison d'édition Scheidegger & Spiess bénéficie d'un soutien structurel de l'Office fédéral de la culture pour les années 2026–2028.

Printed in Germany
ISBN 978-3-03942-325-5